AF613132

DIAGNÓSTICO: N. P. I.

Rose Marie Tapia R.

I.S.B.N 9789962050834
Portada: Kevin Reimer

DEDICATORIA

Esta novela está dedicada a los doctores Mauro y Blanca Zúñiga, por su ayuda desinteresada, por su atención humanística y profesional, por su apoyo incondicional y por darme la certeza de contar con ellos en todo momento, y en particular por su amistad, la cual valoro en su justa dimensión.

A todos los médicos que me han atendido, a quienes no puedo mencionar porque han sido muchos, casi un ejército. Ellos no se dejaron vencer por el cansancio ni la incertidumbre y siguieron adelante hasta determinar el diagnóstico. Este ha sido un trabajo en equipo donde cada uno tuvo participación fundamental.

Y también a los médicos que rechazaron este complicado caso, a los que se equivocaron, a los que fueron negligentes. ¿Por qué no? Ellos hicieron que se fortaleciera mi espíritu para vencer la adversidad.

La salud es importante, pero es más importante descubrir una verdadera vida rica en amor y confianza. Mis creencias fueron capaces de vencer todas las pruebas, todas las desilusiones y conducirme a la victoria sobre la enfermedad. Las enfermedades me ayudaron a ser mejor, a buscar el camino de la espiritualidad, a no abandonar bajo ningún pretexto la lucha por sobrevivir, por encontrar respuestas, a tener paciencia, para aceptar el desaliento, las desilusiones, las adversidades y seguir viviendo como si nada hubiera pasado.

No somos dueños del futuro, lo único que nos pertenece es el presente, es el regalo que nos da Dios para que lo disfrutemos, no para que lo malgastemos con pensamientos de preocupación y angustia. Porque se puede ser feliz a pesar de la enfermedad, los padecimientos, la minusvalía y las dificultades. No estaba limitada por las frustraciones del pasado. Tenía opciones, era preciso escoger y no aceptar el destino, porque la felicidad está reservada para aquellos que hemos llorado, para aquellos que hemos sido lastimados, para aquellos que incansablemente buscamos respuestas, para aquellos que luchamos contra la adversidad, para aquellos que tratamos de seguir adelante; porque nosotros sabremos apreciarla en su justa dimensión.

Reconstruiría mi vida, lo importante era resistir, no importaba lo difícil que pudiera parecerme. Podía vivir el amor, la fe y la esperanza. Descubrir motivos suficientes para poder soportar el dolor y las pruebas que impusiera mi condición de salud e inclusive poder consolar y ayudar a los que sufren.

Fragmento de la novela: «Y era lo que nadie creía».

CAPÍTULO 1

Padecer una enfermedad prolongada y desconocida requiere de paciencia y perseverancia. Es mucho más fácil abandonarse que luchar por superar cada uno de los síntomas que te afligen.

Con el paso de los años, la rutina de los procedimientos médicos se incorporó a mi vida, sin rebeldías, sin quejas. Hacía lo que me indicaban los médicos, aunque no esperara resultados satisfactorios. No era un sentimiento de resignación, esa palabra no me gusta, es inadecuada para una guerrera como yo. Simplemente, seguía las instrucciones para no desgastarme. Soportar mi enfermedad ya era bastante tedioso como para involucrarme en discusiones estériles con personas que lo único que buscaban era disminuir mis dolencias.

Desde 1998 hasta 2003 se presentaron varias manifestaciones de la enfermedad del tejido conectivo; sin embargo, a partir del año 2004 el equipo médico logró estabilizar mi estado de salud. Las molestias eran múltiples, pero ninguna ponía en riesgo mi vida. No obstante, la enfermedad se agazapaba como una fiera, esperando el menor descuido para saltar sobre su presa. Era consciente de esa amenaza y extremaba mis cuidados.

Por indicaciones médicas debía tomar diez vasos de agua diarios. Eran las doce de la noche y faltaba el último. Lo tomé aprisa y salí de la cocina rumbo a la recámara. Al pasar por la sala, un estremecimiento recorrió mi cuerpo y me apoyé en la pared para no caer. Volteé la cabeza y en uno de los sillones, sentado cómodamente, estaba un hombre vestido con una túnica blanca de lino. Parecía un príncipe árabe.

Regresé apresurada y me encerré en la cocina. A través de la pequeña abertura que dejaba la puerta corrediza, miraba ansiosa hacia la sala. Cerré una y otra vez los ojos con la esperanza de que la visión desapareciera. No obstante, el extraño visitante permanecía en el sillón. Una serie de interrogantes se agolparon en mi mente: ¿Cómo pudo entrar ese hombre? La puerta estaba cerrada. Además, su aspecto no pasaría inadvertido para nadie; y no solo por su vestimenta, es que era muy atractivo.

No me quedaba otra salida que enfrentar el miedo, pues no podía quedarme en la cocina más tiempo; ya llevaba allí diez minutos y la angustia se incrementaba. Intenté mover la pierna derecha, pero estaba rígida, pesada, paralizada. La sensación de entumecimiento se apoderaba de todo mi cuerpo. Respiré profundo, apreté los puños para infundirme valor, arrastré las piernas y poco a poco la sensación de parálisis fue cediendo.

Abrí la puerta y encaminé mis pasos hacia el intruso. El hombre levantó el rostro y tuve que sostenerme para no caer. Se veía rodeado de una luz incandescente. Sus negros ojos brillaban con inteligencia. Era apuesto, y sobre la piel morena de su rostro brillaba una gentil sonrisa.

Muchas veces, en meditación u oración contemplativa, solicité la visita de un sanador. Lo mismo hacía en la terapia de energía. Por esa razón, le dije al visitante que estaba segura de que él era la respuesta, mi sanación. No me contestó, pero por algún motivo me sentí autorizada a seguir hablando; las palabras salieron como torrente, contándole los síntomas, mi sufrimiento y mi esperanza de encontrar un diagnóstico que orientara a los médicos.

De repente, él se levantó; su estatura imponente me hizo retroceder. Se acercó y pronunció unas palabras en un idioma que no alcancé a entender. Luego se llevó la mano derecha al pecho y la subió hasta el rostro. En ese ademán percibí un mensaje no dicho, quizás un saludo, y le sonreí tímidamente.

En la cima de la desesperación habita la esperanza y algo en el fondo de mi corazón me dijo que no había nada que temer. Llenándome de valor, le ofrecí mi mano, pero él permaneció inmóvil, sin responder al gesto. Cuando me acerqué e intenté tomarle la mano, lo vi dulcificar la expresión de su rostro y en un instante desapareció.

Volví a la alcoba, me tiré en la cama y, arropándome de pies a cabeza, me repetía angustiada: «Dios mío, ¿estaré enloqueciendo?» No había una explicación coherente, y lo peor era que no se lo podría contar a nadie, sin que dudará de mi salud mental. No podía conciliar el sueño, pero tampoco me atrevía a ir a la cocina para prepararme una taza de té de tilo. Así estuve por dos horas más, hasta que el sueño me venció.

A la mañana siguiente, sin concertar una cita, fui a visitar a mi médico de confianza, el doctor Araúz. Decidí comentarle el extraño suceso, con la esperanza de que me creyera. La auxiliar del galeno dijo que debía esperar hasta que atendiera el último de sus pacientes. Esperé, pues sabía que era importante comunicarle lo acontecido.

Al entrar al consultorio, el médico percibió el desconcierto y preguntó qué me estaba perturbando de ese modo. No sabía cómo relatar un evento tan insólito sin parecer una loca, pero no tenía alternativa y, ante la expresión impávida del doctor, le referí los hechos.

—No se quede como si nada, dígame algo. Pareciera que le estuviera contando algo normal —le dije, disgustada, luego de esperar en vano una respuesta.

—No te preocupes, eso suele pasar.

—No entiendo. ¿Cómo es posible que usted me diga que es normal ver en mi casa a las doce de la noche a un árabe o un musulmán? Y para colmo, tal y como llegó, desapareció. ¿Quién era ese misterioso hombre?

—Seguramente se trató de una alucinación.

—¿Una alucinación? ¿Acaso me estoy volviendo loca?

—Nada de eso. Es una reacción secundaria al medicamento.

—¿Qué medicamento?

—Los corticoides. Una de las consecuencias de las dosis altas de esteroides son las alucinaciones. Tendremos que reducirlos desde hoy mismo.

—¡No lo puedo creer! La visión fue real. Estoy segura de eso y nadie me va a convencer de lo contrario.

—Por favor, tómalo con calma y no te desesperes. A partir de hoy bajas la dosis cinco microgramos cada tres días, hasta llegar a 20 miligramos. Siempre pensé que una dosis de sesenta era excesiva.

Por más que insistí, no logré convencerlo de que la visión fue real. No tenía otra opción que acatar sus indicaciones sin preocupaciones inútiles; ya tenía suficientes problemas con soportar la enfermedad.

Cuando el doctor Javier Araúz se levantó, lo observé detenidamente. Se veía cansado, era mi médico desde hacía dos décadas y juntos habíamos sostenido innumerables batallas, pues mi salud se había complicado en los últimos siete años. Lo conocía muy bien e intuía que el motivo de su agobio no era hastío por el caso. Debía tener otros problemas. Me retiré decepcionada, pero con la intención de seguir sus instrucciones.

Ese mismo día me cité con mi amiga Esperanza para conocer su punto de vista. Acostumbramos a reunirnos en una cafetería cercana para conversar. Le comenté el siniestro incidente. Ella conocía mi elevado nivel de percepción y expresó que debió tratarse de una premonición.

—Es algo más complejo que una alucinación. Nos lo dice el hecho de que el extraño hablase una lengua desconocida para ti. Entre más lo pienso, más me convenzo: lo tuyo no fue una alucinación —reiteró Esperanza.

Luego de esa charla me animé a llamar al dermatólogo, el doctor Naar, para comentarle el incidente y la decisión del doctor Araúz de bajar la dosis de los corticoides. Me dijo, en tono de broma, que el aparecido podía ser Bin Laden, y que si regresaba le avisara para que cobráramos el rescate que ofrecían en Estados Unidos por su captura. El chiste me pareció gracioso.

Cada vez que me retiraba a la recámara, el miedo se apoderaba de mí. Estaba segura de que no fue una alucinación y temía que, en cualquier momento, regresara el extraño visitante. No entendía mis miedos, pues él no me había hecho daño, todo lo contrario. Entonces, ¿por qué le temía?

En el momento que pasé frente al espejo grande colgado a un costado de la alcoba, vi un reflejo, una imagen. Mi respiración se detuvo y el corazón golpeó con fuerza, los oídos me zumbaban y una sensación de desconcierto me invadió. Parpadeé varias veces y volví el rostro hacia el espejo. La imagen ya no estaba y tardé en recuperar el ritmo normal de mi respiración. «Solo estoy sugestionada», me dije en voz baja.

No pude evitar dejar de pensar en mi viaje de vacaciones a Puerto Rico, veinte años atrás. En la excursión había como doce pasajeros. Hice amistad con Irma, una señora como de cuarenta años, que se convirtió en inseparable compañera. Era mi primer viaje a ese país y no me cansaba de tomar fotografías, estrenando mi cámara Pentax profesional. Cuando se le terminó el rollo, no supe cómo cambiarlo. Le pregunté a Irma, pero ella tampoco conocía su funcionamiento. Entonces, vimos frente a nosotras a un hombre muy alto, que llevaba colgada a su cuello una cámara igual a la mía. Irma le solicitó ayuda y, en pocos minutos, el hombre cambió el rollo. Mientras maniobraba la cámara observé sus manos y algo llamó mi atención. Sin pensarlo, tomé una de ellas entre las mías y comprobé que era muy lisas, sin las líneas que tenemos todos.

En ese mismo instante entendí que era imprudente mi conducta, me disculpé y le pedí que nos tomara una foto. Antes de que se retirara, Irma le preguntó su nombre.

—Noahn.

Al no poder precisar su acento, le pregunté su nacionalidad. Él contestó que era ciudadano del mundo. Irma sugirió que nos tomáramos una foto juntos y, al inicio, se negó, aduciendo que no era fotogénico, pero aceptó cuando le dijimos lo importante que sería para nosotras el recuerdo.

Ese suceso hubiera ocupado un pequeño espacio de nuestros recuerdos durante el viaje, si no es porque, al revelar las fotos, notamos que él no aparecía por ningún lado. Hablamos con el encargado del revelado, pidiéndole que nos adjuntara incluso las copias que salieron dañadas. Él nos mostró los detalles que aparecían en el sobre: 36 exposiciones, 36 fotos impresas, 36 fotos entregadas. Al observar cuidadosamente las fotografías, nos percatamos de que en el espacio entre Irma y yo, donde debía haber estado nuestro amigo, solo era posible distinguir un tenue halo de luz blanca.

Irma y yo conversamos largamente sobre el hecho, analizando toda explicación probable. Luego decidimos no contar el incidente a nadie. No obstante, le pregunté a una señora que estaba cerca de nosotras si llegó a ver al hombre que nos acompañaba durante la visita a la fábrica del Ron Bacardí. Nunca olvidaré su respuesta: «¿Qué hombre? Ustedes estaban solas».

Cuando lo supo, Irma, con los ojos llenos de lágrimas, me imploró que nunca más le mencionara ese suceso.

No lo hice, y aunque pasaron más de veinte años, recordaba hasta el último detalle del incidente. Irma nunca volvió a comunicarse conmigo, ni devolvió mis llamadas, lo que representó un misterio, al que ahora se sumaba otro, igualmente perturbador.

CAPÍTULO 2

Esa mañana me levanté temprano, tenía cita con el inmunólogo. Así como los días lluviosos son terribles para mis dolores, en los días soleados me siento inmensamente feliz. Una amiga me recomendó al doctor Manuel Abadía, y desde que lo vi supe que podía confiar en él. Era paciente, considerado y se interesó mucho en mi caso. Me hizo un examen muy completo y al revisar el diagnóstico de Elher Danlos se quedó pensativo y afirmó.

—¿Está confirmado ese diagnóstico?

—No, lo hicieron basándose en los síntomas.

—Hay muchos síndromes con síntomas similares.

—Lo que pasa es que aquí en Panamá no hay forma de confirmar ese diagnóstico.

—Podemos enviar la muestra del tejido a Los Estados Unidos, pero es un examen muy costoso.

—¿Cuánto?

—Alrededor de mil dólares.

—Estoy dispuesta a asumir el costo, doctor. Proceda y me avisa cuándo debo regresar.

El doctor Abadía me inspiró confianza por su formalidad. Su trato fino y afectuoso. Durante los años me he convertido en una experta en médicos, y valoré en el inmunólogo su capacidad científica y humanista.

Una semana después me extrajeron una muestra de tejido, que fue enviada al Departamento de Patología de la Universidad de Washington, en Seattle. Pasaron dos meses y casi ni recordaba el dichoso examen, cuando una tarde, al llegar a casa, escuché el timbre del teléfono. Contesté de inmediato. Era el doctor Abadía, anunciándome que había llegado el resultado de la muestra. No lo dejé terminar y le pregunté cuál había sido. El médico guardó silencio por varios segundos. Eso me impacientó.

—Doctor, por favor, no me asuste. ¿Es tan terrible lo que tiene que decirme?

—No sé cómo lo vas a tomar.

—Hable de una vez, que me tiene en ascuas.

—No tiene Elher Danlos. Los médicos en Estados Unidos descartaron el diagnóstico, pues no detectaron anormalidad en el tejido.

—Entonces, ¿qué tengo?

—No lo sabemos. Hay que comenzar de nuevo.

—¡No puede ser! Tanto nadar para ahogarme en la orilla.

—No lo tomes así. Por lo menos, ya sabemos que no tienes Elher Danlos.

Dejé caer el teléfono. Estaba hastiada, pero no soy de las mujeres que se dan por vencida. Seguiría adelante. Lo importante era no dejarme vencer por la adversidad, si bien, ahora, no solo tendría que soportar la incertidumbre, sino el desencanto de haber hecho un gasto en vano. El doctor Abadía temía que el diagnóstico fuera un lupus.

Esta era una guerra sin cuartel, más de diez médicos habían coincidido en el diagnóstico de Elher Danlos y ahora, todo se reducía a cenizas. Tuve ganas de gritar a todo pulmón, no soportaba una nueva decepción. No obstante, era consciente de que la enfermedad era muy complicada y que esa actitud derrotista dificultaba las cosas.

Cuando analicé la situación, ya con mayor calma, me extrañé mucho de no sentirme frustrada. Continuaría la búsqueda que había caracterizado mi vida. Tal vez la persistencia renovaba mis fuerzas.

En otras de las citas médicas, uno de los doctores dijo que mi caso se complicaba cada vez más.

—María Rosa, es posible que no llegues al mes de diciembre.

No comprendí y le pregunté a qué se refería.

—Estamos en septiembre, y por lo que veo es posible que usted no resista hasta diciembre. Puede morir antes.

—Todos moriremos, porque lo único que se necesita para morir es estar vivos, pero muchas veces mueren primero los sanos y los pacientes quedamos jodiéndole la vida a los médicos. Además, muchos de los médicos que han vaticinado mi muerte, ya han fallecido.

El médico se perturbó con la reacción y contestó:

—No debes preocuparte, ese buen estado de ánimo contribuirá en tu bienestar.

Dos días después, me llamó para sugerirme que consultara con otro reumatólogo. Solicité la cita y la conseguí para esa misma tarde; era inusual, pero me explicaron que unos minutos antes un paciente informó que no asistiría.

Llegué a la Clínica Paitilla una hora antes de lo estipulado. La recepcionista del piso cuarto preguntó con qué médico me atendería, respondí que con el doctor Alejandro Ibáñez. Un médico que estaba cerca comentó que Ibáñez era el mejor reumatólogo de Panamá. Le contesté que me alegraba mucho, porque mi caso era muy complicado. Sonrió y entró en uno de los consultorios.

Me senté cerca de la recepción para estar atenta al llamado. Contemplé a los pacientes que esperaban; de repente, algunos parecían indecisos, decepcionados, otros, llenos de esperanza en una pronta mejoría.

Cuando la recepcionista anunció que podía pasar al consultorio del doctor Alejandro Ibáñez, entré como un ejército derrotado, pero decidida a plantar batalla de nuevo. Llegué a escuchar un sonido, que no identificaba si era el eco de mis pasos, o el galope de mi corazón ansioso. Sin saber por qué, presentí que me hallaba en el umbral de una nueva esperanza.

Pocas veces al consultar un nuevo médico siento esa sensación. Estaba cansada de tanto peregrinar en busca de respuestas, pero algo en el ambiente me daba nuevas fuerzas, y en algún rincón de mi corazón se cobijaba la esperanza tantas veces replegada a punta de golpes, de desilusiones, de desconocimiento.

El médico me recibió de pie y entonces comprobé que era el mismo que hizo el comentario en la recepción. «Por lo menos tiene sentido del humor», pensé, y esa era una ventaja. El consultorio era similar al de otros médicos; las paredes decoradas con sus múltiples diplomas daban la seguridad de estar frente a un profesional idóneo, con múltiples especializaciones.

Cuando lo observé con más atención determiné que era de mediana edad, seguro de sí y con determinación, su jovialidad y atractivo lo hacían parecer más joven. Cuando conoció mi historial clínico, descartó de plano el diagnóstico de lupus. Para él, todo indicaba que se trataba del síndrome de Behcet, afirmó.

«Otro nombre raro por investigar», pensé, mientras esbozaba planes para internarme esa noche en las páginas médicas de la web para recabar todos los detalles posibles.

El doctor Alejandro Ibáñez comentó que era un trastorno del sistema inmunitario, incurable, pero tratable; muy rara, además, con una incidencia de dos personas entre cien mil. La única forma de diagnosticarla era por los síntomas y yo tenía varios de ellos. La vasculitis, el problema de hipertensión pulmonar, las úlceras en la boca, los dolores en las articulaciones y la tendinitis.

Luego habló del peligro de un aneurisma si la enfermedad se salía de control. Después de su brillante exposición me recetó quimioterapia oral, pero me opuse por los riesgos que implicaba. Sin embargo, otros galenos a los que consulté estuvieron de acuerdo con que era el tratamiento indicado y no tuve más remedio que someterme a él.

Los efectos colaterales fueron devastadores y, aunados a las consecuencias de los esteroides, las secuelas fueron peores que la enfermedad. Eso sí, el doctor Alejandro Ibáñez se manejaba con eficiencia y esto me daba cierto margen de seguridad. En varias ocasiones, aseguró que tenía todo bajo control.

En una de las citas le pedí al doctor Alejandro Ibáñez que precisara el diagnóstico, ya que al doctor Araúz deseaba conocer su opinión. Recuerdo que dijo en tono solemne.

—¿El diagnóstico? El diagnóstico es N. P. I.

—¿N.P.I.? Llevo varios años estudiando mi caso y no sé a qué se refiere.

—Te aseguro que él sí lo entenderá.

Días después, cuando se lo comenté al doctor Araúz, se limitó a sonreír, explicándome luego que eso significaba que el doctor no sabía cuál era el diagnóstico correcto.

—¿Cómo? ¿El diagnóstico es que no sabe el diagnóstico? No entiendo.

—Sí, así es. N. P. I. significa: «ni puta idea».

Meses después de iniciar el tratamiento me animé a escribirle al doctor Alejandro Ibáñez para contarle los efectos que padecía. Con dificultad, tambaleándome, llegué hasta donde estaba la computadora, me senté y redacté un correo electrónico:

«Hola, doctor Ibáñez:

Desde el viernes estoy tomando el medicamento que me recetó para minimizar los malestares estomacales, pero no funcionó. Anoche me sentí muy mal y no pude dormirme hasta las 2.30 de la madrugada Hoy amanecí peor. No solo es el estómago, siento como una pelota en la vesícula. Además, tengo náuseas y me siento muy débil.

Llevo meses tomando el veneno y no creo resistir mucho tiempo más esa medicina. Por favor, piense en disminuir la dosis o en reemplazarla.

Hay muchas cosas que no entiendo. Si usted dice que mi salud no es tan mala, ¿por qué me receta un medicamento tan agresivo? Entonces, ¿qué es lo que este veneno llamado Metrhotexate va a atacar? ¿Acaso a mí? Cada día me siento peor y más confundida. Mis extremidades superiores están muy débiles. Esta mañana intenté bajar un plato de la alacena, pero mi brazo no pudo sostenerlo y casi me cae en la cara.

Reconozco que ha bajado la inflamación de las manos, ya no siento dolor en la cadera y el del tobillo ha disminuido. A pesar de mis molestias, antes podía dormir, pero con el malestar que me produce el veneno, ahora no puedo. Deben sopesar los beneficios y los daños. ¿Acaso vale la pena el sacrificio?

Estoy dispuesta a seguir instrucciones, pero seguiré cuestionando cuando tenga una duda. Soy fuerte, pero no de hierro. Por favor, póngase en mi lugar. No quiero que mi calidad de vida se siga deteriorando, porque la vida sin calidad es mera existencia. Los fines de semana me siento tan mal que tengo que permanecer acostada.

Ya no tengo fuerzas ni para cabrearme, pues estoy muy débil. Espero recibir su pronta respuesta. No deseo declararme en rebeldía, pero estoy a punto de hacerlo. Ya llevo ocho años enferma. Sé que hay enfermedades a las que nunca se les descubre su origen y que tampoco se curan. Lo único que pido es no sentirme como mierda de gallo.

Tengo ganas de vomitar y no puedo. ¡Qué feúra!

María Rosa»

El reumatólogo llamó y me explicó que debía hacer un esfuerzo final para soportar los medicamentos, estaba seguro de que pronto podría suspenderlos. Soporté meses de tratamiento, estaba hinchada, muy débil, exhausta y casi sin fuerzas para levantarme. Esa mañana decidí suspender la quimioterapia, no la soportaba. Cuando pensamos que moriremos pronto, surge una actitud que es, en cierta forma, un punto de partida y aparece ante nuestros ojos el verdadero significado de la vida. Solo entonces, volvemos a casa.

CAPÍTULO 3

Guardé varios días de reposo y una noche decidí incorporarme a mis actividades. A pesar de mi decaimiento, y casi arrastrándome, llegué hasta la computadora para revisar mi correo. Entre los muchos e-mails había uno de la Librería Exedra Books, invitándome a una conferencia informativa sobre un curso de Energía Luz Dorada. De inmediato me interesé, pues años atrás tomé hasta el quinto nivel de Energía Universal.

Asistí a la charla de iniciación al curso de Energía Luz Dorada que se celebró en la librería Exedra Books, pese a que tenía mis dudas acerca de que me ayudaría a resolver los problemas de salud. Llegué con una hora de anticipación y fui directo a la cafetería donde me encontré con varios escritores con quienes conversé por varios minutos. Alguien pasó detrás de mí y sentí una energía fuerte, arrolladora. Volteé a mirar y vi a un señor como de cincuenta años, de cabello largo, peinado con una trenza. Blanco, de mediana estatura y muy atractivo. Pregunté quién era y me explicaron que era el sanador que dictaría la charla sobre sanación con energía. Me dirigí a la sala de la reunión y, casi enseguida, el hombre misterioso se acercó y dijo:

—Hola, soy Harold.

Quedé muy bien impresionada. Jamás había visto a alguien que reflejara tanta alegría y serenidad. Lo miré directo a los ojos mientras él extendía la mano diciendo:

—Bienvenida a la reunión.

Existe una ley espiritual que establece que, en el momento adecuado, se nos revelará lo que deseamos sin esfuerzo alguno de nuestra parte. En ese instante, supe que él era un enviado. Estaba segura de que me podía ayudar y las dudas del inicio se disiparon. Me enteré de que era sociólogo de profesión, aunque no la ejercía. Poseía un vasto entrenamiento en el Tíbet en diferentes métodos de sanación. Esa noche, visité su página web y quedé impresionada con sus conocimientos.

Ese fin de semana tomé el primer nivel de Energía Luz Dorada. Pasaba por una de mis peores crisis de salud, tenía la tiroides inflamada, molestias digestivas y estreñimiento; dificultad para conciliar el sueño, zumbidos en el oído izquierdo, cefaleas, inflamación en las articulaciones de las manos, dolores abdominales en el colón del lado derecho, en la rodilla derecha, detrás del ojo izquierdo, en la articulación de la mandíbula, en la cadera derecha, en la cintura, en el tendón de Aquiles y en la articulación del hombro, prolapso de la válvula mitral, hipertensión de la arteria pulmonar, debilidad, ardor y sensación de quemazón en las piernas. Además, de otras molestias menores que no valía la pena tomar en cuenta.

Al iniciar el curso pensé que sería muy parecido al de Energía Universal, aunque tenía ciertos conceptos similares, era diferente. Muchos de los detalles sobre los chakras y el aura ya los conocía. El método de la Energía tiene su fundamento en la captación de la energía a través de los chakras, que son centros de absorción, transmisión y distribución de energía con fines curativos. Existen siete chakras principales en el cuerpo humano, dos de ellos en la cabeza y el resto a lo largo de la columna vertebral, los cuales se encuentran funcionando activamente de manera equilibrada en las personas con buena salud.

Antes de empezar las clases, Harold nos recomendó tomarnos una fotografía del aura. En una esquina del salón se veía una cámara muy parecida a la Kirliam. Recordé que el cuerpo está envuelto por un campo magnético, visible, de diferente color y espesor llamado aura. Este no solo puede verse, sino también fotografiarse.

El médium norteamericano Edgard Cayce dice que la visión del aura no es solo un fenómeno óptico, sino que depende del ojo espiritual, y que por eso no es extraño que una persona con los ojos cerrados, o un ciego, puedan ver el aura.

La curiosidad me motivó a tomarme la fotografía del aura y conocer el significado de los colores, por los conocimientos adquiridos en cursos anteriores. Mientras observaba la fotografía del aura, Harold expresó su interpretación: el color anaranjado significa la capacidad de sanación; el dorado, el éxito y la capacidad de percibir información superior. Señaló dos cordones, uno al nivel de la tiroides y otro en el pecho, significaba que tenía tiroiditis y graves problemas cardíacos. También señaló el color negro, la falta de energía. En esos momentos acababa de suspender la quimioterapia, pero sus efectos secundarios se mantenían y me encontraba sumamente débil.

Harold nos explicaba cada uno de los chakras y, aunque conocía la información, puse extremada atención; deseaba con todas mis fuerzas aplicar esos conocimientos y sanarme.

En el curso participábamos como sesenta personas y el equipo de sonido se dañó, pero fue reemplazado y Harold reanudó la charla:

—Chakra séptimo (Yo sé). Está colocado en la parte superior de la cabeza, procesa toda la información espiritual y religiosa, gobierna el libre albedrío y la habilidad de obtener información más elevada para integrarla a tu vida y a la espiritualidad.

Una vez terminada la explicación, los presentes deseaban preguntar, pero Harold solicitó que las hicieran al finalizar el recorrido por los chakras.

—Chakra sexto (Yo veo). También se llama el tercer ojo y está localizado en el centro de la frente; gobierna nuestra habilidad para visualizar, para usar la intuición y ver el camino en la vida.

Al terminar esta explicación, una señora que obvió la indicación de dejar las preguntas para el final, interrumpió. Harold la saludó como si acabara de llegar y todos reímos. La señora no entendió el chiste y él continuó:

—Chakra quinto (Yo comunico). Está localizado en la garganta. Determina la habilidad para comunicarse con uno mismo y con los demás, tanto verbal como telepáticamente. Gobierna la capacidad de hablar y escuchar. Chakra cuarto (Yo soy). Localizado en el centro del pecho, detrás del esternón. Gobierna tu identidad en la vida. Tu habilidad de dar y recibir amor de ti mismo y de los demás, así como estar en paz contigo, con otros y con el mundo entero. Chakra tercero (Yo hago). Localizado en el plexo solar. Distribuye la energía a través de todo el cuerpo; controla el ego y la voluntad hacia ti y los demás.

Harold también solicitó que no se tomaran apuntes, porque toda la información aparecía en un folleto que entregó minutos antes. Sin embargo, cuatro personas entre el público insistían en hacer anotaciones, por lo que debió interrumpir la charla para reiterar su recomendación.

—Chakra dos (Yo siento). Está localizado en el

centro del abdomen, tres dedos debajo del ombligo, es el centro de tus emociones. Gobierna tu energía sexual, sensual y emocional. Chakra uno (de la raíz), (Yo sobrevivo). Está localizado en la base de la espina en los hombres y un poco más al frente en las mujeres. Contiene información de supervivencia para el cuerpo, como la voluntad de vivir y la protección de tu cuerpo físico. También gobierna la habilidad para crear comida, vestido y sustento para uno mismo.

Una vez terminada la explicación de los siete chakras principales, Harold agregó que hay otros secundarios. Los chakras de las manos canalizan la energía sanadora y se encuentran en las palmas. Los chakras de los pies están localizados en las plantas y permiten hacer contacto con la tierra.

El método de sanación a través de la Energía es una manera sencilla y económica de recuperar la salud. Se requiere la colocación de las manos sobre los puntos receptivos de la energía llamados chakras o sobre el área afectada para lograr la curación. La Energía es generada de una manera espontánea y solo puede ser preservada entre las personas que viven con espíritu de amor y caridad, ya que Dios es el poder creativo de esa energía.

En mis estudios de Control Mental, Energía Universal y de Energía Luz Dorada aprendí a meditar. Entrené la mente, sobre todo, la atención y la voluntad, para tomar como punto de partida el nivel de conciencia superficial y luego llegar hasta lo más profundo de mi esencia interna. Mediante ejercicios de relajación física y mental, soltaba los músculos para terminar quedándome absolutamente inmóvil por varios minutos. Me sentía pasiva, quieta, como dormida, dejaba de pensar, de inquietarme y me dedicaba solo a sentir, simplemente a percibir.

El facilitador nos explicó que el aura es la energía del cuerpo, el espacio y es la conciencia. El aura contiene la información básica de todo lo que se hace, dice, piensa, percibe y se crea. Cuando la energía de tu aura no fluye, está atorada, vieja, sin claridad, creando restricciones, limitaciones y enfermedades. A medida que introducía estos conceptos nos enseñó las técnicas de sanación.

Harold nos dijo que el contacto con la tierra es la primera técnica, la más básica e importante. El contacto con la tierra crea una unión entre el cuerpo físico y energético con la tierra. Al establecer un cordón de contacto estabilizas tu cuerpo y tu energía, permitiéndote sentir más seguridad, capacidad y confianza. Se puede crear un cordón de contacto con la tierra dondequiera que estemos y en cualquier momento, mientras permanezcamos despiertos, podremos estar conectados a la tierra y eso nos permite reconocer los avisos de supervivencia.

También nos enseñó a fluir energía conscientemente, o sea el proceso de combinar las energías cósmicas y terrestres. Esto limpiará, aclarará y balanceará todos los niveles de tu existencia, física, emocional, mental y energética, también es llamado áurico o espiritual. Fluir energía limpiará todos los sistemas físicos del cuerpo, tales como el circulatorio, respiratorio, nervioso, óseo, linfático, endocrino, reproductivo, digestivo, urinario y la piel.

Esta técnica permite limpiar y balancear el aura y los chakras. Una vez que comenzamos a fluir energía es como abrir la llave del agua. Sin necesidad de pensar más que en ello, la energía correrá, y mientras esta fluye, exploramos todas las cosas que nos gustaría cambiar.

El instructor nos guio para fluir energía. Nos pidió crear un cordón de contacto con la tierra. Enfocarnos en el centro de la cabeza. Abrimos los chakras de las plantas de los pies. Subimos el 15 % de la energía de la tierra a través de estos, hacia arriba por los tobillos, las piernas, las rodillas, los muslos, hasta entrar al primer chakra y luego hacia abajo por el cordón de contacto con la tierra. Manteníamos esta energía fluyendo. Abrimos el chakra coronario, ubicado encima de la cabeza, entre uno y dos centímetros arriba del cráneo. Trajimos el 85 % de energía cósmica, suave y dorada, que a través del chakra coronario entra en la cabeza, y pasa por atrás de la espina dorsal, hasta entrar en el primer chakra, donde se mezcla con la energía de la tierra que sube por las piernas.

En el primer chakra se mezclan las dos energías, la de la tierra y la cósmica, suave y dorada, creando un movimiento de bombeo. Esto manda la mezcla de ambas energías en dos columnas a la parte frontal de la espina dorsal. Desde allí sube a través del cuerpo, sale por la cabeza, y por el chakra coronario, creando una fuente.

La mezcla de esas dos energías va a través del aura y bajo los pies. Algunas de estas energías pasan por los hombros, bajan a los brazos y salen por los chakras de las palmas de las manos, donde se abren. Permitimos que esta energía que sale, baje por los canales de las piernas y salga por los chakras de las plantas de los pies. Cualquier exceso de energía lo mandamos por el cordón de contacto con la tierra. Esa energía la mantenemos fluyendo constantemente.

El instructor de Energía utilizó el método socrático de preguntas y respuestas para darnos los conocimientos. Al tomar el primer nivel no me imaginé lo beneficioso que sería el seminario. En la primera técnica de sanación, fluir energía conscientemente crea un canal de comunicación más clara entre la persona y el Ser Superior; la segunda es explotar rosas, esto ayudaba a transformar los patrones o programaciones que crean las enfermedades; la tercera no fluye energía, sino que crea un cordón de contacto con la tierra, se mantiene en el centro de la cabeza y se llama a los maestros sanadores. Esa misma noche el instructor nos explicó cómo contactar a nuestros maestros. En la cuarta técnica se les solicita a los maestros que nos conectaran con el cordón de Energía del Ser Superior.

Hicimos varios ejercicios para limpiar los chakras, el aura y remover los cordones que están en ellos. También nos enseñó a limpiar un órgano o área específica de nuestro cuerpo y nos instruyó sobre la sanación a distancia.

Cuando nos enseñó a contactar a nuestro maestro, llegaron a mi mente nombres tan extraños que pensé eran inventados. El primer nombre que llegó a mi mente fue Natzel, seguido de Nhuri. Como soy asidua consultante del Internet, esa misma noche investigué esos nombres y, para mi sorpresa, Natzel es un apellido y, junto a Nhuri, encontré el escrito de un hombre llamado así, y una nota en inglés que decía: «I am weirdo». Al día siguiente, se lo comenté a Harold y, con una gran sonrisa, me dijo: «¡Qué bueno!»

CAPÍTULO 4

Asistí a un programa de televisión con Harold. La conductora del segmento me eligió, porque yo tomé hasta el quinto nivel dc los seminarios de Energía Universal. Durante la transmisión, algunas personas ofrecieron sus testimonios. Años atrás, Harold había dictado el seminario Luz Dorada y sus discípulos practicaban las técnicas de sanación que él les enseñara. Después del programa, él me ofreció una sesión de sanación de cortesía.

Dos días después, fui donde Harold, la consulta duró hora y media. Uno a uno fue describiendo todos mis malestares, dejándome sin habla al acertar en todos y, como si fuera poca mi sorpresa, me habló del dolor en el ojo. Me dijo que tenía dos enfermedades de vidas pasadas. Eso me pareció una verdadera locura, pero preferí guardar silencio para ver hasta dónde llegaba. Con una enorme sonrisa afirmó: «Hace miles de años fuiste un guerrero. Durante un combate, con una lanza te sacaron el ojo izquierdo, lo que justifica ese intenso dolor. El malestar en tus piernas se debe a que hace más o menos quinientos años te quemaron en la hoguera y, pese a que te mantuviste de puntillas, tus piernas sufrieron intensas quemaduras».

Le comenté a Harold que una de mis novelas inéditas trataba el tema de la reencarnación, en donde la protagonista moría en la hoguera, y eso era lo que precisamente él veía en mi aura. Sonrió y, con picardía, me dijo: «Recordaste tu vida pasada. Cuando publiques la novela, me haces llegar un ejemplar».

Después de semejantes conclusiones, no dije otra palabra y Harold procedió a hacerme la sanación energética. Antes de retirarme dijo que después del curso estaría en la capacidad de curarme mis otros problemas, pero que lo más grave lo sané ese día y que ya podía suprimir la medicina del dolor.

Claro, no confié en ese consejo y por los siguientes tres días seguí el tratamiento. Cuando se lo comenté a mi amiga Esperanza, ella me recomendó hacer la prueba.

Una semana después, conversando en la cafetería, ella preguntó si había suspendido el medicamento. En ese preciso instante me di cuenta de que el dolor del ojo ya no estaba, y ya tenía cinco días de no tomar el analgésico. Las molestias de las piernas también desaparecieron. ¡Eran dos pruebas evidentes de la efectividad de la sanación con Energía Luz Dorada!

Cuando terminé el primer nivel de sanación, me inscribí en el segundo nivel. Este inició el fin de semana siguiente y aprendí muchas otras técnicas. Recibimos herramientas para lograr la neutralidad, para reparar el aura. Una de las técnicas más interesantes fue la limpieza de las capas de cada chakra, física, emocional, mental y espiritual. También nos enseñaron a romper acuerdos para cambiar el nivel de supervivencia, los cuales funcionaban en enfermedades congénitas. Estuvimos de acuerdo en que, si un familiar enferma, nosotros también lo haremos. Si en nuestra familia existe un problema genético, nosotros lo aceptamos. Ahora se trataba de deshacer esos acuerdos.

Mientras fluíamos energía, Harold nos explicó la técnica de aumentar el porcentaje de energía de la tierra. Del 15 % habitual lo subíamos al 25 %, al 50 % y así hasta llegar al 100 %. Esta técnica de sanación es muy útil para las personas que sufren de osteoporosis. También nos enseñó a estimular la glándula del timo, importante en el sistema inmunitario, para lo cual nos recomendó que durante el baño nos diéramos pequeños golpecitos en el esternón.

Una de las partes del seminario que más me impresionó fue la creación de los Cirujanos Psíquicos, que son seres de energía como los Maestros Sanadores, con la diferencia de que son más poderosos. Los Cirujanos Psíquicos se utilizan para realizar sanaciones de alto nivel, en caso de enfermedades graves. La forma de convocar a ambos es muy similar. Mientras fluía energía los invoqué y, cuando el primer nombre llegó a mi mente, una vez más dudé de la veracidad de la información. Parecía que estuviera viendo el nombre en un letrero de neón: «Zael». Minutos después llegó el nombre del segundo cirujano, Udiel. Otro del que tampoco oí previamente. Sin embargo, no manifesté mis dudas, pero esa noche, al llegar a casa, los busqué en el Internet. Entre sorprendida y estupefacta, leí la información que se desplegó en la pantalla: «Un autor de lapidarios de gemas grabadas relacionadas con temas médicos, conocido como Zael, fue muy popular, a juzgar por la existencia de veintidós manuscritos; se halla citado en Tomás de Cantimpré (Thorndike identifica a Zael con Sahal ben Bist Habib, del siglo XI)»

Seguí mi investigación, los lapidarios tuvieron conocimientos de medicina, algo que ignoraba Entonces busqué el término «médicos lapidarios» y obtuve la siguiente información: «Entre los escritos seudocientíficos que se prodigan en lengua griega durante el período helenístico (s. IV-I a. C.), destacan los lapidarios, que subsisten y se desarrollan en latín en la época romana, para continuar enriquecidos y con múltiples variantes a lo largo de la Edad Media en las diversas lenguas europeas. Aunque han sido despreciados y han recibido escasa atención por parte del mundo científico moderno en su mayoría, sabemos que algunos fueron escritos por médicos, y ya en la Antigüedad, y sobre todo en la Edad Media, a partir del siglo XI, fueron aceptados como tratados científicos, dado el amplio uso de las piedras en medicina Es evidente que, en el lento caminar de la ciencia, los lapidarios atisban algunas verdades, especialmente en el área de la Medicina y la Farmacología, además de proporcionar datos de interés para la historia del arte, del comercio, de las religiones y de las ideas de las distintas épocas».

Estaba maravillada con ese descubrimiento y cuando escribí el nombre de Udiel, mi otro Cirujano Psíquico, resultó que en hebreo significa «toque de Dios».

En vista de la gravedad de mis enfermedades, necesitaba un alto nivel de energía, por lo que la mayoría de las sanaciones las hice con los Cirujanos Psíquicos. Al terminar el segundo nivel de Energía Luz Dorada, me despedí de Harold, quien me recomendó continuar con las sanaciones, aconsejándome que las hiciera diariamente hasta obtener resultados concretos. También me pidió que escribiera y le enviara en detalle mi testimonio. Eran tantos y tan severos mis problemas de salud que nunca imaginé que se aliviaran con esas extrañas técnicas, pero le prometí seguir sus recomendaciones.

Dado que tengo una disciplina espartana, no fue difícil incorporar las sanaciones a mi rutina diaria. Recuerdo que, una mañana, mientras invocaba a los Cirujanos Psíquicos y limpiaba los canales de energía en mi brazo derecho, vi que en la mano contraria se proyectaban dos colores: el cobalto y el dorado. Llamé a Cecilia, mi empleada para confirmar el fenómeno.

—¿Qué ves en mi brazo derecho?

—Una luz azul y otra dorada.

—¿Estás segura?

—Sí, lo estoy, ¿acaso usted no las ve?

—Sí, pero deseaba confirmarlo.

Le escribí a Harold, preguntándole el significado de esas luces y me explicó que, al detectar una inflamación, el Cirujano Psíquico activó el color cobalto para desinflamar y el dorado para curar. Por más de un mes continué viendo esas luces. Sabía que, debido al problema inmunológico, sufría de inflamaciones crónicas, ya que mi organismo creaba anticuerpos que provocaban reacciones, entre ellas la inflamación de las articulaciones y de los vasos sanguíneos.

Al terminar el segundo nivel, de inmediato, me inscribí en el siguiente, que resultó ser más denso. Entre los primeros conocimientos estuvo la forma de entender los tres tipos de mente: consciente, inconsciente y superior. Nos facilitaron las herramientas para alcanzar la mente interior. También nos explicaron la forma de crear un eslabón de comunicación directa, usando el teléfono energético para contactar la mente interior de la persona. Aprendimos la técnica para resolver un problema específico. Otra de las novedades del entrenamiento fue la forma de lograr un diagnóstico mirando el cuerpo etérico para descubrir qué tipo de energía se encuentra estancada.

Así aprendimos los colores básicos para la sanación del cuerpo, conocimos los diferentes sistemas para la sanación de órganos específicos: el óseo, el nervioso, central y periférico, el endocrino, con las glándulas tiroides, paratiroides, suprarrenales, las sexuales y el que se encuentra para la curación, y el circulatorio con la estructura y función de la sangre.

Al finalizar el tercer nivel, nos explicaron el concepto de arquetipo y la forma de contactarlo. El arquetipo es la forma del modelo o patrón original del que estamos hechos. Es parte de nuestra naturaleza, de nuestros padres o nuestra cultura. Es la forma de energía original. Al contactar a tu arquetipo estás experimentándote a ti mismo en un nivel más intenso e interno.

Entramos en meditación para contactar a nuestro arquetipo y el proceso fue similar al de los Maestros Sanadores y de los Cirujanos Psíquicos, con la diferencia de que Harold nos guio a una cueva en las profundidades de la tierra para el encuentro. Con la mente recorrimos los parajes de la caverna con una linterna rudimentaria y, justo en el momento que él nos indicara, veríamos a nuestro arquetipo y le preguntaríamos su nombre. Fue muy fácil contactar a mi arquetipo y entablar una conversación. A ese nivel ya no tenía dudas de la información que llegaba a mi mente. Su nombre era Oderi y era un guerrero.

La noche que terminé el tercer nivel, me tomé otra fotografía del aura y observamos grandes avances. En esta ya no se notaban los cordones alrededor del cuello y del corazón. Las molestias relacionadas con el cuarto y quinto chakra disminuyeron. El color anaranjado de la sanación aumentó su tamaño y mi cabeza aparecía cubierta por el color dorado, el color del éxito, de la luz viva, del sol. Es la energía del Ser Supremo que se manifiesta en este planeta. El color plateado que rodeaba mi tronco se refería al poder personal y universal. Significaba que estaba consciente de mi poder y en control de él.

A las pocas semanas de terminar el seminario ya tenía la capacidad de apreciar ciertos colores en el aura. Al principio, hice varios intentos y pasaba horas observando; me ponía por horas a ver mi mano para ver si percibía algún color. Una mañana miré por varios minutos mi mano derecha, desenfoqué un instante la mirada y, al volver, vi tres colores alrededor de mis dedos. Estaba fascinada con la nueva experiencia. Pasados unos días, ya podía observar algunos colores en el aura de otras personas.

Creo que desde siempre tuve la facultad, no obstante, ahora lo hacía de forma consciente. Muchas veces, al mirar a alguien, pensaba que tenía algo que no me gustaba, ahora sé que, seguramente, los colores en su aura eran oscuros.

Hice un estudio para ver el aura en las personas y aprendí que en el cuerpo aparecen distintos colores. Un observador casual puede verlos entrecerrando los ojos y colocando al sujeto bajo luz tenue y frente a una pared blanca. Del mismo modo, si quien observa se encuentra en un estado expandido de conciencia, en estado alfa de funcionamiento cerebral o de gran relax y serenidad, es frecuente ver el aura humana con gran claridad y nitidez. Se verán distintos tipos de energías y los colores sobrenadan por encima del cuerpo físico del sujeto, sobre todo alrededor de la cabeza, los hombros y sobre los brazos. Los clarividentes ven el aura completa, que presenta la apariencia de un huevo dorado que envuelve a la persona, e incluso el color y matices de las energías que circundan los órganos internos del cuerpo.

A partir de ese instante todo cambió, seguí las reglas universales y en cierta forma me sentía conectada con el poder. Una de las recomendaciones más importantes que nos dieron en el seminario fue que cuando estábamos en estado consciente nos conectásemos a la tierra para asegurar la supervivencia, y que situáramos nuestra conciencia en el centro de la cabeza para estar alerta y evitar accidentes.

Recordé que cada vez que sufrí un accidente se debió a que mi mente había estado en otro lado. También me rodeaba de rosas para evitar que las malas vibraciones contaminaran mi aura.

Cada día se agudizaba más mi percepción extrasensorial y mi ego trascendía para ver más allá del tiempo y del espacio. También le di un espacio a la espiritualidad en mi salud y comencé a obtener resultados. Sentía un estado de gozo, paz y placer que elevaron mi sistema inmunitario y muchas de las enfermedades presentaron remisión espontánea.

Estaba decidida a suspender la mayoría de los medicamentos, pero tenía ciertas dudas con los estrógenos. Lo consulté con Harold y expresó que ese era el peor de los medicamentos. También cuestionó el hecho de que los médicos le dieran a una mujer de 50 años la cantidad de hormonas que ella producía a los veinte. Afirmó que había la posibilidad de que al ser esta una hormona sintética, el organismo no la reconociera y comenzara a crear anticuerpos, pensando que era un elemento extraño. Muchas de sus pacientes con tratamientos hormonales presentaban toda clase de problemas con el sistema inmunitario.

Ese mismo día tiré a la basura los estrógenos y reduje la dosis de los medicamentos que tomé por tantos años. No podía ser irresponsable y suspenderlo todo de un solo tajo, pues mi sistema estaba acostumbrado a funcionar bajo esos efectos.

CAPÍTULO 5

Durante varios meses continué una rutina de sanaciones con Energía Luz dorada. Poco a poco eliminando los desajustes o enfermedades, como las llama la medicina moderna. Esa mejoría pasó casi inadvertida, ya que somos conscientes cuando algo nos molesta o duele, no así cuando nos sentimos bien. Mi aspecto físico se renovó notablemente; muchas personas lo notaron y me lo decían; yo lo tomaba como un cumplido y nada más.

El doctor Alejandro Ibáñez ordenó unos exámenes de laboratorio para comprobar la evolución de mi enfermedad, pues había suspendido la quimioterapia y reducido en gran medida la dosis de los corticoides. Únicamente estaba tomando los medicamentos para la presión y para la taquicardia. Al ver los resultados dejé escapar un grito de júbilo. ¡No lo podía creer! De inmediato, le escribí a Harold para darle la buena noticia de que todos los exámenes de anticuerpos salieron negativos.

Cada dos o tres meses tenía cita de control con los médicos especialistas. Ese día visité a mi cardiólogo, el doctor Guerrero, y le dije que había bajado la dosis de sus medicamentos. Con paciencia me explicó que esa era una idea descabellada, puesto que la presión arterial pulmonar de 50, podía subirse hasta 70 con tal reducción. Le sugerí que ordenara un ecocardiograma para salir de dudas, aunque estaba segura de que saldría normal. Levantó la cabeza y afirmó.

—¿Cómo crees que se te va a normalizar con una dosis menor?

No me atreví a comentarle al médico acerca de las sanaciones energéticas y me limité a responderle:

—Aún ocurren milagros.

El doctor Guerrero me entregó la orden para la ecografía y dijo que regresara cuando tuviera los resultados. A la mañana siguiente, le llevé la orden al doctor Araúz para solicitar el cupo. Una semana después, durante la prueba, le conté al médico que me hizo el examen sobre mis sanaciones. Él sonrió y expresó que quizá no había subido tanto la presión. Cuando pidió que me volteara para verificar la presión de la arteria pulmonar, supe que estaba mejor. En efecto, después de casi tres años de hipertensión, se normalizó en 31.

Muy contenta por el resultado, llamé al doctor Araúz para informarle, pero él guardó silencio. Con impaciencia le dije.

—Por favor, ¿podría usted decirme algo? No se quede callado. ¿Acaso piensa que es pura casualidad?

—No diré tal cosa, no creas que soy tan obtuso, estoy abierto a todo lo que signifique conocimiento.

Se despidió y quedamos en conversar después con más calma. Al llegar a casa llamé a mi familia y amistades para contarles la buena noticia. Todos me escucharon sorprendidos; algunos, incluso, no creyeron en una sanación tan excéntrica.

Harold regresó un año después a dictar el cuarto nivel de entrenamiento de sanación Energía Luz dorada. De inmediato me matriculé, puesto que los resultados estaban a la vista. Este curso de sanación encaminaba a la restauración con la ayuda de los elementos que son básicos para el nivel físico del cuerpo, los sistemas corporales y nuestros órganos (chamanismo). Los cuatro elementos básicos que la naturaleza usa para crear el reino físico son: tierra, aire, fuego y agua. En cada uno de ellos hay seres elementales: Los primeros cuatro chakras nos permiten el acceso a cada uno de los cuatro elementos. El cuerpo los usa solos o en combinación para funcionar a nivel físico.

El instructor nos guio en meditaciones con los elementos y, durante esos ejercicios, permitió que nuestra propia naturaleza actuara en el aspecto de la tierra fluyendo el aire y el agua, la realidad que gobierna nuestro sentido interno de estabilidad, seguridad y permanencia. También nos permitió comunicarnos con la grandeza o la máxima esencia de la tierra. Se puede ver, escuchar y hablar con los gnomos y las criaturas del reino elemental de la tierra en todo el planeta. Esos son los elementales con quienes, los humanos podemos comunicarnos más fácilmente, porque están más cerca de nuestro nivel de realidad.

Cada elemento tiene como su regente a uno de los arcángeles: la tierra a Uriel y sus elementales los gnomos; el agua a Gabriel y sus elementales las ondinas; el fuego a Miguel y los elementales las salamandras; el aire a Rafael y los silfos. Cada elemento tiene su cuerpo espiritual. La tierra lo tiene en el primer chakra, el fuego en el cuarto chakra, el aire en el tercer chakra, el agua en el segundo chakra.

Hay dos métodos para llamar a los elementos. Uno es pedirles a los maestros espirituales o a los cirujanos psíquicos que llamen a los arcángeles de los elementos y que se canalicen a través de la parte posterior de los chakras de las palmas de las manos con tus sanadores.

También se puede entrar en estado de meditación guiada, llamando luego directamente a los arcángeles y pidiéndoles que se conecten a la parte posterior de los chakras de las manos.

Aprendimos el diagnóstico de elementos creando medidores del equilibrio de cualquier chakra o sistema corporal, para ver el estado o condición de desequilibrio. Por ejemplo, la sangre es de agua y aire, la digestión es fuego, los huesos son tierra y los nervios son fuego y agua. Demasiada energía de fuego causa alergia, salpullido y barros, pero si no hay energía vital, se trae energía de fuego para vitalizar el cuerpo. Un proceso digestivo lento necesita más energía, que se canalice más energía de aire.

Finalizando el cuarto nivel aprendimos a contactar a nuestros ángeles sanadores y los utilizamos para rastrear el cuerpo en busca de defectos o enfermedades graves que requirieran de un trasplante de plantilla para ese órgano o sistema. Se le pide al Ángel Sanador que traiga energía de fuerza vital pura o una nueva plantilla para cualquier chakra.

Preguntar el nombre a mis Ángeles Sanadores ya era rutinario para mí, y no existían dudas, por el contrario, lo aceptaba como cuando se presenta a unos amigos. Sus nombres eran Marul y Xionel.

Una semana después de culminar el cuarto nivel contacté a mis Ángeles. Tenía problemas con mis oídos y, luego de dos audiometrías, el problema se incrementaba. La medida normal es de quince, y cualquier cifra superior a esa representa la pérdida de la capacidad auditiva. La primera medición dio veinte y la segunda treinta. Me ordenaron un nuevo examen, pues ya se me dificultaba conversar por teléfono.

Antes de la tercera audiometría me realicé un trasplante de plantilla en ambos oídos. Llamé a Marul y a Xionel pidiéndoles que lo hicieran. Tres semanas después me extrañó que la licenciada Arenales repitiera el procedimiento para compararlo con los anteriores. Le pregunté si había algún problema y, sonriendo, dijo:

— Pareciera que le hubieran puesto oídos nuevos.

—¿Mejoraron los niveles?

—No solo mejoraron, están normales.

—¿Cuál fue la medida?

—Diez, sus oídos están perfectos.

—El médico no lo va a creer.

—No se preocupe, yo hablaré con él y le explicaré que hice varias pruebas. No tendrá más remedio que rendirse ante la evidencia.

—¿Usted cree en la sanación energética?

—¡Después de este resultado creo en todo!

—Me hice un trasplante de energía.

Le expliqué a la licenciada Arenales el método de sanación energética y quedó muy interesada en el proceso. Dos días después, acudí donde el especialista de los oídos y le expliqué la milagrosa curación. El doctor Briceño no pareció sorprenderse, por el contrario, me pidió que le avisara cuando Harold regresara a dictar otros entrenamientos.

Durante una de las citas con el doctor Alejandro Ibáñez, le conté acerca de mi entrenamiento, y él respondió que eso le parecía una charlatanería. También le dije que había participado en el programa televisivo de sanación con Harold, y contestó que no pudo verlo, pero si hubiera sabido que yo estaría presente no se lo hubiera perdido.

Soy fiel creyente de la medicina tradicional, pero considero que también tenemos algo más que un cuerpo que curar. Somos, cuerpo, alma y mente. Si no se sana el alma, tampoco sanará la mente ni el cuerpo. Por eso pienso que la combinación de la Medicina tradicional y la sanación de Energía contribuyeron a mi mejoría.

Al principio, solo practicaba el proceso de sanación conmigo, pero a medida que adquirí confianza lo hice con mis amistades. Una de las primeras sanaciones se la hice a mi amiga Chelín, quien sufría de migrañas desde hacía más de diez años. El proceso lo realicé a distancia, pues no deseaba asustarla con prácticas desconocidas para la mayoría de las personas. Pedí su autorización, ya que es imperativo contar con la anuencia del otro. Le di la hora exacta en que iniciaría la sanación y media hora después llamó para informarme que se le había quitado el dolor. Un mes después me llamó desde la ciudad de Las Tablas, quejándose del mismo malestar. Le dije que trabajaría de inmediato y poco después me reportó su alivio y su extrañeza, pues normalmente sus migrañas duraban días. Esa fue la última vez que lo sufrió, y cuando escribo esto lleva más de un año sin padecer tales crisis.

Días después, me tocó sanar a mi hermana melliza. El día de nuestro cumpleaños, el médico la tuvo que hospitalizar de urgencia, pues presentaba una arritmia muy peligrosa. Fue necesario darle choques eléctricos en el tórax para recuperar el ritmo sinusal de su corazón. El cardiólogo dijo que tenía más de un 90 % de probabilidades de éxito; sin embargo, la arritmia persistió. La sometieron a dos meses de tratamiento y, en vista de que no mejoraba, le dije que consultara a su médico sobre si podía hacerle una sanación. Él la autorizó, afirmando que era un procedimiento inocuo. Le practiqué tres tratamientos de sanación y un mes después, cuando el cardiólogo la revisó, confirmó su mejoría. No obstante, él sugirió un marcapaso para no correr riesgos. Estuve de acuerdo porque la medicina alternativa no reemplaza la tradicional, la complementa.

Una vez culminados los cursos de energía inicié el estudio de la medicina cuántica. Esta rama de la ciencia se apoya en la medicina integral y analítica. Es un tratamiento progresivo, basado en un profundo conocimiento del organismo humano, en lo anatómico y en lo funcional. Por eso su accionar no se aleja de los principios médicos básicos, respetando las situaciones físicas y psíquicas de cada paciente. Existen varios tratamientos alternativos que se utilizan como complemento, tales como la homeopatía y la acupuntura, que suelen ser disciplinas muy utilizadas en la medicina integral cuántica, aunque como bien dijimos, solo cumplen una función complementaria.

CAPÍTULO 6

Todas las noches meditaba y llamaba a mis ángeles sanadores. Después de varias sesiones comencé a ver luces y esa visión me afectó mucho en la escalofriante penumbra de mi habitación. Mientras proseguía el silencio, recordé mis anteriores visiones. Las luces iban y venían en la habitación todavía oscura y vi la hora en el reloj digital que está en la mesa lateral a mi cama. Eran las doce de la noche. Aunque era un reloj sin sonido, se escuchaba el tic tac, pero de repente, se detuvo y quedó en silencio. Un frío congelado entró por mi nuca y recorrió todo mi cuerpo y, mientras mi corazón seguía latiendo a toda prisa, tuve una visión.

Una fuerte luz penetró por la ventana, me incorporé, cubriéndome ambos ojos con las manos. En ese momento, estaba despierta y, para comprobarlo, me pellizqué fuerte. Los ojos me dolían como consecuencia de la fuerte iluminación. De pronto, vi cuatro luces como de reflectores, mucho más fuerte que la anterior. A medida que mis ojos se acostumbraban a la incandescencia, observé cuatro personas como del tamaño de niños de ocho años. Sus cabezas se veían rodeadas por un aro, y del centro de sus frentes emanaba la luz del reflector. Golpeé varias veces mi cara para comprobar que estaba despierta, y a medida que lo hacía mi miedo se incrementaba. «¡Dios mío! ¡Quiénes son estos extraños visitantes?», pensé!

Un olor particular invadió el ambiente y contuve mi respiración, temiendo que fuera un anestésico. Mi cuerpo temblaba fuera de control e intenté levantarme, pero solo logré incorporarme. Entonces grité a todo pulmón:

«¡San Miguel, defiéndeme con tu espada!». Recordé que mi madre nos decía que el Arcángel Miguel es nuestro defensor en momentos de peligro.

De inmediato, los extraños visitantes desaparecieron. Me levanté y miré el reloj. Seguía marcando las doce de la noche. Aunque mi dosis de corticoides no era excesiva, estaba tomando un nuevo medicamento: Lyrica. En ese momento, decidí no comentar ese incidente con mis médicos. Fueron muchas las preguntas: ¿Puede uno soñar que no está soñando? ¿Puedo uno golpearse para despertar en un sueño sin lograrlo? ¿Había sido un sueño o el efecto de los medicamentos? No había forma de saberlo.

Los efectos colaterales de los medicamentos fueron enormes; el más drástico resultó el producido por el Fosamax. En el último año, me hicieron tres endodoncias, pero no pudieron salvar las piezas. Con cada extracción sufrí severas hemorragias. Estaba segura de que alguno de los medicamentos afectó mi adhesividad y agregabilidad plaquetaria. Busqué en Internet y, para mi sorpresa, encontré varios testimonios de personas que tuvieron serios problemas de odontología debido al Fosamax. Incluso, algunos sufrieron osteonecrosis mandibular. De inmediato, me comuniqué con el doctor Araúz y me suspendió el medicamento que estuve tomando por catorce años. Con el medicamento: Lyrica, algunos sufrieron hemorragias. La Glucosamina que tomaba tenía el componente Condoitrin, que provocaba hemorragias. Después de ese descubrimiento hice una búsqueda de todos los medicamentos que no me eran indispensables. El calcio también tenía algunos efectos colaterales, por lo que decidí suspenderlo e ingerir alimentos que me lo proveyeran en abundancia. Gracias a Dios, mi odontólogo, el doctor Ángel, resolvió todas mis preguntas y aprensiones.

Las citas en el Seguro Social, en su mayoría, resultaron divertidas. Recuerdo que, en una ocasión, al salir de las instalaciones, un grupo de jubilados bloqueaba las entradas y salidas en una especie de cadena humana. Por medidas de seguridad sanitaria no uso los sanitarios del complejo hospitalario, pero varias horas en espera del médico y las que debí esperar para poder salir, incrementaron mi necesitad de un baño.

Ante la disyuntiva, solicité a los manifestantes que me dejaran pasar, y recibí su obstinada negativa; entonces les dije que me permitieran unirme a la cadena. Cuando dos de ellos se soltaron para abrirme espacio, aproveché el instante para escabullirme y correr hacia el taxi. Uno de los ancianos me persiguió a corta distancia, pero mis años de entrenamiento le ganaron la carrera.

Otro incidente que me hizo reír fue la respuesta de algunos asegurados al desgreño administrativo de la institución. Una asegurada reclamaba el resultado de una resonancia magnética. Durante ocho meses aguardó por la cita y, para colmo de males, después que se la tomó nadie era capaz de ubicar los resultados. La paciente insistía en que los buscaran, pues los necesitaba, pero la secretaria respondía que no podía encontrarlos.

—¿Entonces qué hago? —interrogó la paciente.

—Tendrá que tomarse una nueva resonancia— contestó la secretaria con total indiferencia.

—¿Para cuándo me darían el cupo?

—No hay cita hasta dentro de seis meses.

—¡Tienes más concha que un armado! —concluyó la paciente en tono airado.

El endocrino me solicitó un centelleo de tiroides rutinario y el resultado fue desalentador. Apareció un nódulo frío que acarreaba serias sospechas de malignidad. El reumatólogo ordenó una biopsia. Sin embargo, había madurado lo suficiente para no practicarme un examen tan delicado hasta estar segura de que era estrictamente necesario. Estudié los riesgos y existía la posibilidad de contraer una infección, pues continuaba la terapia con corticoides.

Durante dos meses me realicé la sanación en la tiroides y esperé tranquila la siguiente consulta con el endocrino; sorpresivamente el médico me dijo que había un error de interpretación en el examen y, como el nódulo era caliente, solo requería de control cada cuatro meses. Ese examen me lo realicé en una clínica privada, pero comprendí que era preferible continuar mi atención en el Seguro Social. Si se iban a equivocar de nuevo, por lo menos que no me costara.

El doctor Araúz se disgustó muchísimo por la irresponsabilidad de su colega. Le parecía imposible que no revisaran los resultados y expusieran a un paciente, ya de por sí complicado a semejante riesgo. Llamó al médico y este dijo que le devolvería la llamada, pero jamás lo hizo.

El endocrino me ordenaba, cada cuatro meses, los exámenes correspondientes para el control de mi tiroides. La mañana en que me entregaron los resultados observé con gran asombro el resultado del TSH. Marcaba 75, y de inmediato supe que había un error, pues los anteriores marcaron 1. Acudí una vez más a mi médico de cabecera y él envió una verificación del resultado. ¡Otra negligencia más! El resultado fue de uno, como los anteriores.

Me quejé ante el jefe de los laboratorios del Seguro Social y le expresé la importancia de tener un control de calidad. No respondió, sino que envió a buscar a la tecnóloga para que le expusiera mi queja. Decidí no esperar y me retiré, decepcionada.

Ya nada podía asustarme y en cierta forma era una ventaja. Cuando un análisis resulta mal, algunos piensan que se agravaron y viven sobresaltadas, pero a mí me pasaba todo lo contrario. Cuando un examen marcaba positivo, sonreía para mis adentros y pensaba que era un error más. Eso tiene sus ventajas, pues una no se preocupa innecesariamente.

En una visita al ginecólogo, este palpó un fibroma, que se comprobó mediante un ultrasonido. A partir de ese momento, mi sanación se concentró en el segundo chakra. Meses después, el médico ordenó un ultrasonido de control y el fibroma había desaparecido.

Los meses pasaron en una aparente normalidad, hasta que, en la siguiente cita, el ginecólogo afirmó categóricamente que padecía de vitíligo. De nuevo sonreí y me propuse demostrar su equivocación. Esa noche hice un estudio pormenorizado de ese síndrome y llegué a la conclusión de que una vez más se habían extraviado en la búsqueda de respuestas.

Semanas después consulté a los doctores Araúz y Naar para que confirmaran el diagnóstico. Pero para mi sorpresa, ambos llegaron a conclusiones distintas. Me sentí como esos estudiantes que, en un examen para escoger la mejor respuesta, sortean el resultado. El doctor Araúz decía que tenía dermatomiositis, pues presentaba el signo de los «párpados en heliotropo», o sea que desarrollan una coloración parda (más violácea que roja). Por su parte, el doctor Naar, afirmaba que era liquen escleroso y atrófico. Esa noche pasé dos horas investigando en Internet. Después de un minucioso análisis descarté el diagnóstico de dermatomiositis. Fui referida a la Dra. Kiara Ceballos, quien ordenó una electromiografía y también descartó la dermatomiositis.

Le consulté a la Dra. Ceballos acerca de la parestesia que me impedía tener sensibilidad en la pierna derecha. Al caminar me daba la impresión de que lo hacía con una sola, y eso me provocaba una enorme confusión y además desmejoraba mi calidad de vida. Después de un riguroso examen me prescribió fisioterapia.

Semanas después me diagnosticaron un problema de neuropatía y continué con las terapias. Por mi parte, seguí practicando las sanaciones de Energía Luz Dorada, pues tenía la certeza de que con eso podía curar cualquier dolencia.

El proceso se llevó a cabo por etapas. Después de cada crisis experimentaba la necesidad de darle un sentido al sufrimiento. Es difícil lograrlo, pero lo hice aprovechando las dificultades experimentadas para ayudar a otros. Cuando le entregamos nuestro dolor a Dios, cuando elevamos nuestra protesta, nuestros gritos y nuestras rebeldías a una dimensión más elevada, en ese momento los superamos y quedamos redimidos. Cuando nuestras experiencias sirven para que otro aprenda algo, iniciamos la curación. Si tenemos el privilegio de escribir esas experiencias, ese testimonio ilumina a la humanidad. Nuestra propia tragedia personal es capaz de precipitar la compresión del verdadero significado y propósito de la existencia.

He comprobado que la curación se produce con un cambio de actitud en la que se involucra el perdón a los otros y a nosotros mismos, el perdón a la vida y a veces hasta el perdón a Dios, porque cada vez que enfermamos gravemente lo culpamos a Él. También nos preguntamos por qué a nosotros, pero en el momento en que aceptamos la enfermedad y lo que involucra, lo superamos. Entonces descubrimos que la adversidad es un sendero que debemos recorrer con paso firme y el corazón confiado en el amor del Padre. Solo en ese momento cesará la enfermedad, el sufrimiento y el miedo, porque nuestra enfermedad adquiere un propósito de dignidad. Dejamos de preocuparnos y nos concentramos en estar bien.

Con el cambio de actitud viene una expansión de la conciencia, nuestra alma se cura y sirve como puente entre nuestra existencia en el plano físico y el espiritual.

En el momento que el ser humano decide abandonarse en las manos del Dios, la creación se conmueve de júbilo. Ese día la persona abre la conciencia de su espíritu y es consciente de su inmortalidad. Para mí la enfermedad fue el catalizador que me permitió comprometerme profundamente a ayudar a los demás. Enseñarles que mediante el sufrimiento aprenden las lecciones que necesita el alma para encontrar su propósito en la vida y que, orientando los valores personales, evitamos aturdirnos en las crisis. Con esa claridad de pensamiento nos ocupamos de lo importante y trascendental en la vida, porque —por muy enfermo que esté el cuerpo— el alma siempre ve la oportunidad de curación.

La forma en que soportas y superas el sufrimiento define quién eres, por qué estamos aquí y qué procuramos alcanzar durante nuestra existencia en la Tierra. Eso es lo que verdaderamente nos hace fuertes en la adversidad, es como si fuésemos templados en el fuego o a golpe de martillo. Es purificación y es fortalecimiento para que la persona sea digna de cumplir los propósitos del alma.

Mi enfermedad me encaminó hacia la Literatura, ese fue el sendero. Como si mi alma hubiera elegido ese camino para que le encontrara sentido a la vida.

Una noche, mientras contemplaba el firmamento, me pregunté qué porcentaje ocupaban las enfermedades en mi vida y llegué a la conclusión de que era un 90 %. La Literatura me sanó porque desplazó ese 90 % a un 5 %. En el preciso momento en que el ser humano decide abandonarse en las manos del Creador, se libera de un gran peso y, como compensación, la creación se manifiesta como una gran fuente de agua viva.

La decisión de dedicarme en cuerpo y alma a la Literatura me liberó de la muerte y de una vida sin sentido. Claro, sin perder las perspectivas ni descuidar mi salud. Debía buscar el balance perfecto entre no preocuparme por mis malestares, pero sin olvidar mis controles de salud. El doctor Araúz fue de gran ayuda, porque cuando, por algún motivo, dejaba pasar mis citas, llamaba y me reprendía. Con el apoyo de algunos buenos amigos logré crear una estructura similar a la de las grandes casas editoriales. Aurora se convirtió en mi correctora de estilo. En ocasiones, cuando sus ocupaciones se lo permitían, Isolda me hacía las correcciones de normativa de la lengua. También contaba con mi editor, Ariel, un escritor de mucho prestigio, y por último Salvador, un reconocido poeta que hacía la última lectura para corregir los sonidos repetidos que pudieran distraer al lector. Yo me encargaba del mercadeo por mi experiencia previa en la compañía que trabajé por veinticinco años. El negocio fue creciendo y poco a poco los libros me sacaron de mi pequeño apartamento y me proporcionaron los medios para comprar uno más cómodo. Las ventas aumentaban con cada nueva publicación y todos los años sobrepasaba las metas establecidas.

Mi amiga Rebeca leyó mi testimonio anterior y preguntó si mi enfermedad había afectado mis relaciones sentimentales, ya que leyó que por esta causa me separé de mi primer amor. Le dije que eso resultó determinante, porque es muy difícil para una persona que sufre de tantos males, disimular siempre. Y aunque no me quejara, porque esa no es mi naturaleza, hubo momentos en los que no podía llevar una vida normal. Tenía mis limitaciones y las aceptaba. Por otra parte, algunos de mis novios pensaban que era hipocondríaca y en cuanto lo insinuaban, terminaba la relación.

CAPÍTULO 7

Con la actividad literaria he cultivado nuevas amistades y fue así como conocí a Gina e Isabel. Luego de leer La Noche Oscura, Gina me escribió; la llamé por teléfono y de inmediato surgió una gran amistad. Por medio de ella conocí a Isabel, quien era graduada en Arte y se encargó de decorar mi nuevo apartamento. A partir de ese momento, ambas son mis hijas putativas. La Literatura les dio una madre y una muy regañona, pero ellas me quieren mucho.

Una noche, Isabel comentó que una amiga suya llevaba a cabo una investigación acerca de las razas en Panamá. El estudio genético lo realizaba el Laboratorio Gorgas Memorial.

—Explícame mejor de qué se trata.

—Es un estudio sobre la determinación del ADN mitocondrial. La prueba consiste en obtener información acerca de la línea materna directa.

—Esa información puede ser muy importante para mí. Estoy segura de que el diagnóstico no se ha determinado porque es una rara enfermedad heredada de mis ancestros europeos.

La siguiente semana, Isabel localizó a su amiga y me hicieron las pruebas. Recuerdo que pasaron varios meses e Isabel parecía haber olvidado reclamar el resultado, pero por mi insistencia se lo solicitó a su amiga. Al abrir el sobre, encontré el siguiente resultado: «Haplogrupo mitocondrial K es una subrama del linaje U haplogrupo K, se encuentra ampliamente distribuida en toda Europa y se encuentra en alrededor del 6 % de la población. Los grupos más notables se producen en

Irlanda, Escandinavia, Francia y las regiones del norte de Italia, donde el 10 % de la población es portadora de esta variación. Fuera de Europa, el haplogrupo K se encuentra en la región del Cercano Oriente (7.5 % de la población general), la región del Norte del Cáucaso (5 %), Asia Central (4 %) y África del Norte 2-3 %)».

Me pasé días investigando la prueba genética y saqué varias copias para distribuir entre los médicos que me atendían. Mi madre siempre dijo que sus familiares eran del sur de Italia, que debieron llegar por el norte y después se desplazaron hacia el sur.

Mi sobrina Rosa María decidió incursionar en la Literatura y eso me llenó de satisfacción. Es una excelente escritora y tiene mucho futuro en las letras. Su temática es muy espiritual, porque la obra de un escritor casi siempre refleja su vida. Y ella es una persona que ha evolucionado.

Mis problemas de la piel se incrementaron. El diagnóstico se determinó mediante una biopsia y el resultado fue «liquen escleroso y atrófico». Una raya más para el tigre, como dicen en mi pueblo. A pesar de que el médico me informó que era una enfermedad irreversible, tuve el convencimiento de que esto también se podía curar. De un tiempo a esta parte, todas mis dolencias eran de origen desconocido o e irreversible.

Dos semanas después, el neurólogo confirmaría otro diagnóstico con las mismas características: «meralgia parestésica de Roth». Esto era lo que provocaba el adormecimiento en la pierna derecha. Llevaba más de un año sin sentir esa extremidad y cuando caminaba parecía que solo lo hacía con la pierna izquierda. Ya me resultaba normal.

Después de cuarenta años ejerciendo la Medicina, el doctor Javier Araúz decidió retirarse. Cuando me lo comunicó, le dije que eso no tenía que ver conmigo, porque mi caso estaba inconcluso, sin un diagnóstico, y él era el capitán del barco.

—Doctor, o llegamos a puerto o naufragamos y morimos todos. Esta aventura es hasta que la muerte nos separe. No se librará de mí tan fácilmente.

Recuerdo que Blanca, la esposa del doctor Araúz estuvo de acuerdo en que mi caso era excepcional. El médico aseguró que no rehuiría esa responsabilidad y que sería su única paciente, pues al resto los había referido a otros colegas, incluyendo a los de su propia familia. A pesar de que el doctor Araúz se retiró de la Medicina y vendió su consultorio, periódicamente me visitaba para verificar mi estado de salud. Lo acompañaba su esposa, Blanca, quien también es médica. Los esposos Araúz han sido como parte de mi familia.

En el año 2008 se presentó en nuestro país una epidemia de Gripe H1N1. Después de largas horas de reflexión, tomé la decisión de abandonar las citas médicas de control, a menos que fueran estrictamente necesarias. En ese momento me atendía con muchos especialistas y las salas de espera estaban atestadas de pacientes infectados. Debía encontrar un balance para evitar los contagios, pero sin desatender mi precario estado de salud. A partir de ese momento, las visitas se limitaron al cardiólogo, al ginecólogo y una vez al año consultaba al doctor Ibáñez.

Cuando se me presentaba alguna molestia, de inmediato aplicaba la sanación con las manos. Aunque no seamos conscientes de ello, todos tenemos la habilidad innata de realizar sanaciones y de trabajar con la Energía Divina. Las personas pueden ser un canal abierto, pasar energía. Generalmente, nos proporcionamos curación, aunque no lo llamemos de ese modo. ¿Qué es lo primero que uno hace cuando sufrimos una herida? Automáticamente, tocamos la parte lastimada del cuerpo. Este instinto físico envía energía a la parte afectada. Y si se coloca la mano por más tiempo, comprobaremos que se logra un efecto curativo más intenso.

Pasaron varios años y el equipo médico seguía sin precisar el diagnóstico. No obstante, yo sabía la causa de mis enfermedades, aunque no pudieran determinar el nombre exacto. Sabía que el día menos pensado surgiría un síndrome que justificara todos los síntomas. Algunos me producían dolores muy fuertes, pero nunca he renegado de ellos, pues son mensajeros de que algo anda mal. Por esa razón, los bendigo, recibo el mensaje y los despido. Una vez adquirido este conocimiento, los analgésicos ya no fueron necesarios.

Mi productividad literaria fue asombrosa y, paralela a esa actividad, desarrollé una función social, recordando las enseñanzas de mi madre. Cada año establecía una meta para mi trabajo editorial y para mi trabajo social. De ese modo creé el programa «Siembra de lectores», para llevar libros gratis a las comunidades de escasos recursos económicos. Aspiraba a que la lectura fuera un derecho de todos, no un privilegio de los que tienen dinero. Establecí conversatorios en los colegios y universidades para llegar, por lo menos, a cinco mil lectores anuales y de esa forma promover la lectura. En este programa tuve la colaboración de Nitzia Barrantes, de la Biblioteca Nacional, y de Gustavo Salom. Ellos no solo han sido mis colaboradores en este sueño, sino mis grandes amigos. Este es un programa cultural y espiritual, porque gracias a él hemos conocido a muchos líderes comunitarios y gracias a esta iniciativa han puesto en marcha el proyecto de un país cimentado en la cultura. Llevar la lectura a los lugares más remotos del país es un sueño que se está convirtiendo en realidad. Desde el inicio todos creyeron en el programa y, durante estos años, hemos fundado ciento cuarenta círculos de lectura en el ámbito nacional.

Durante todo este tiempo de altas y bajas en mi salud, el equipo médico logró estabilizarme y las crisis se redujeron en frecuencia y agresividad. Aunque todavía no se establecía un diagnóstico, tenían la seguridad de que se trataba de una enfermedad autoinmune. Por esa razón, me mantuvieron los corticoides, en dosis bajas, pero de manera permanente. Como las manifestaciones eran leves, casi ni les hacía caso. Mi calidad de vida mejoró y, como no comentaba con nadie mis pequeñas molestias, vivía como una persona rebosante de salud. Mi actitud era saludable y eso se manifestaba en mi energía y en mi entusiasmo por la vida.

En una ocasión, mi amiga Anita le preguntó a Isolda por qué motivos, yo sabía tanto sobre medicina, y cuando ella le contestó que había estado gravemente enferma, a duras penas lo creyó. Siempre recordaré las palabras de mi madre: «Verse bien es tan importante como sentirse bien». Ella afirmaba que cuando una veía su imagen en el espejo pensaba, no puedo estar tan mal con esta apariencia.

Practico dos actividades diarias para mantenerme en forma. Primero los ejercicios físicos que consisten en seis kilómetros en el Orbitrec, quince minutos de ejercicios isométricos y 15 minutos en K Motion, una máquina que simula el movimiento de los peces en el agua; después de eso, meditación. Ambas actividades incrementan mi energía. La decadencia del vigor en la vejez se debe a que, aun sin desearlo, la gente espera declinar. Implantan una intención derrotista bajo la forma de una potente creencia, a la que se aferran porque consideran que es verdad. Entonces, el vínculo mente-cuerpo cumple automáticamente esa intención. También se puede usar ese poder para mantenerse joven a pesar de la edad. Es importante conservar el deseo de vivir, porque cuando la vida pierde sentido, la energía que sostiene al cuerpo se escurre sigilosamente como una batería que se desgasta.

Una mañana, mientras contestaba mis correos electrónicos, observé la solicitud de amistad de Humberto y, cuando entré a su página, me percaté de que era un investigador, y su tema principal era la alimentación. Como para esa fecha mis niveles de triglicéridos estaban elevados, le pregunté sobre la dieta. Él respondió de inmediato y preguntó mi tipo de sangre, porque según dijo, es muy importante la genética para determinar la dieta de una persona. Cuando le dije que era A negativo, respondió que evitara los lácteos y sus derivados, porque contenían caseína, una proteína que afectaba el sistema inmunitario. En esos días también tenía molestias digestivas y, en cuanto modifiqué mi dieta, mejoré.

Parece mentira, pero Internet nos acerca a personas alejadas en la distancia, pero muy cercanas en afectos. Incluso, desconocidos se interesan en nuestras vidas, estableciendo vínculos capaces de vencer el espacio físico.

Una noche desperté sobresaltada con un fuerte dolor en el lado derecho de mi cara que se irradiaba del ojo a la mandíbula. He aprendido que el dolor es el mensajero que envía el cuerpo para llamar nuestra atención. Por esa razón, de inmediato entré en el nivel meditativo y le pregunté el mensaje. La agudeza del dolor me impedía bajar la velocidad de mis ondas cerebrales y no conseguía entrar a nivel. Respiré profundo y pedí que la información me llegara a través de un sueño. Poco a poco me quedé dormida.

Me encontraba hospitalizada, muy grave, y a mi habitación llegó el doctor Alejandro Ibáñez, quien, a pesar de mi delicada condición, parecía muy contento. Le reclamé su euforia y dijo que no me estresara, ya que gracias a los últimos síntomas había precisado el diagnóstico. No le creí y seguí reprochándole su alegría. De repente alzó el tono de su voz y dijo:

—Alégrate, que ya sé lo que tienes.

Volteé el rostro hacia la pared para no responderle y desperté enseguida.

Al día siguiente, mientras charlaba con mi amiga Esperanza, le conté sobre aquella revelación por medio de un sueño. Ella me creyó, también es egresada del entrenamiento de Control Mental. Días después, se presentaron nuevos síntomas: la aparición de varias úlceras. Anteriormente, nunca había consultado por este síntoma activo, pero después del sueño supe que era importante ir donde el doctor Ibáñez de inmediato.

Llegué a la clínica una hora antes de la cita; siempre llego a la consulta con anticipación para sosegarme. También llevé un libro para aprovechar el tiempo de espera. Sin embargo, no lograba concentrarme en la lectura. Escuché la conversación de dos jóvenes. Una de ellas comentaba que su padre perdió la memoria inmediata y que incluso la había confundido con su madre. A pesar de haberle practicado varios análisis, no encontraban causa física que justificara su pérdida de la memoria. Enseguida tomé apuntes, estaba segura de que esa sería una buena historia para alguna de mis novelas.

En ese momento salió el padre de la chica del consultorio del neurólogo y ella se lo presentó a su amiga. Me sorprendí enormemente, pues asumí que sería un anciano. El señor tenía como cincuenta y cinco años y se veía lleno de vida.

Cuando llegué al consultorio después de casi un año de no acudir a mis citas, el médico se extrañó. Lo primero que le conté fue acerca del sueño, pero los científicos le dan muy poca importancia a estos eventos. Me escuchó con detenimiento y dijo que consultaría con otro colega para ver si precisaban el diagnóstico; no obstante, me recetó un medicamento.

Al día siguiente, fui donde el doctor Cruz, quien confirmó el diagnóstico de síndrome de Behcet. Decidí consultar a ese médico luego de ver una entrevista que le hicieron en la televisión, durante la que dijo que el médico debe ocasionar el menor daño posible al tratar a un paciente. Agregó que si el remedio es peor que su enfermedad es mejor dejarlo como está. Esas palabras fueron determinantes y tomé la decisión de asistir a su consultorio.

Cuando entré al consultorio, el doctor Cruz estaba sentado en una silla giratoria frente a su escritorio, leyendo mi expediente en la computadora. Después de escucharme detenidamente, me hizo las revisiones de rutina y confirmó una de las manifestaciones del síndrome de Behcet. Durante la conversación, sentí que hacía honor a su doctrina: hay escuchar al paciente, porque este da las pistas para descubrir lo que tiene.

Dos días después me salieron dos úlceras más en la faringe. Como se acercaba la Navidad, el tráfico estaba insoportable y evitaba salir esos días. Entonces le pedí a Myrna, una amiga pintora, experta en fotografía, que tomara fotos de mis úlceras para enviárselas al médico. También busqué la información en Internet y encontré pruebas gráficas de úlceras iguales a las mías, como síntomas de la enfermedad de Behcet.

Al día siguiente, temprano le envié la evidencia fotográfica al doctor Araúz y estuvo de acuerdo en que ya se había confirmado el diagnóstico. Para no dejar ningún cabo suelto, me ordenó un cultivo de las úlceras de faringe, con el propósito de descartar una infección oportunista, ya que a consecuencia de los medicamentos estoy inmunodeprimida.

En una ocasión, una amiga sicóloga preguntó cómo hacía para verme siempre alegre. Le contesté que esa era la receta para no sentirme sola y agregué:

—Si deseas ser feliz, debes crear hábitos de dar con alegría y sonreír para crear un ambiente festivo.

—Pero hay momentos en los que una se siente muy triste. ¿Cómo se puede?

—Debes hacer un esfuerzo y llegará el momento en que la alegría será una más de tus virtudes. Por otra parte, es importante envejecer con felicidad y eso requiere de un compromiso de vida. Observa que las personas amargadas envejecen muy mal y se ven feas. Sin embargo, las personas alegres conservan su belleza.

A lo largo de estos años, he estudiado creación literaria por mi cuenta, pues no hay una carrera que te gradué de escritora. La formación, en muchos casos, es autodidacta y requiere del deseo de emprender un aprendizaje continuo y constante.

Hace algunos años la negación fue mi refugio para defenderme de la enfermedad. Esta es una cierta forma de engaño que nos impide ver aquello para lo que no estamos preparados. Es un sistema defensivo que evita la desesperación. En cuanto acepté que estaba seriamente enferma, aprendí a vivir con mis limitaciones físicas y las equilibré con mis fuerzas espirituales. Era importante mejorar mi calidad de vida y encargué de esa tarea a mi sanador interno, que es quien detenta el poder curativo.

Organizar mi jornada de trabajo no fue tarea fácil, pues requería de disciplina y prudencia. Disciplina para trabajar todos los días, prudencia para no excederme. Gracias a Dios, logré un balance en el que mi salud no se vio afectada. Por el contrario, la Literatura le dio vitalidad y fuerza a mi vida, transformándola en entusiasmo constante por la labor realizada. Cada mañana, despertaba con nuevas fuerzas e ideas para llevar a cabo mis sueños y convertirlos en proyectos.

CAPÍTULO 8

Después de varios años sin presentarse una crisis de vasculitis, pensé que esta había entrado en remisión. Sin embargo, las enfermedades inmunológicas son como tigres agazapados en la selva de los riesgos y en el momento menos esperado saltan sobre sus víctimas.

El país sucumbía ante el peligro sanitario, ocasionados por la basura que campeaba por todas las calles de la ciudad, resultado de la incompetencia de un alcalde ineficaz. Unida a esa circunstancia, las torrenciales lluvias, el inadecuado mantenimiento de la planta potabilizadora del agua y la falta de planificación, provocaron que por primera vez en sesenta años el agua que salía del grifo no fuera apta para el consumo humano. Después de un estudio investigativo realizado por la prensa, se comprobó que en la ampliación de la potabilizadora de agua ocurrieron serias irregularidades. ¿Corrupción? ¿Incompetencia? Tal vez ambas.

La contaminación fue un factor desencadenante en mi sistema inmunitario y después de más de cinco años sin lesiones, presenté otra crisis de vasculitis. De inmediato, el doctor Alejandro Ibáñez ordenó que aumentara la dosis de corticoides. Quien padece una enfermedad de este tipo vive al filo de la navaja, porque por más que se cuide su salud, depende de la salubridad del entorno.

Este nuevo brote me hizo tomar conciencia de que esta enfermedad es incurable y que mi bienestar no depende únicamente de mí, sino de los gobernantes, que tienen el deber de mantener las medidas sanitarias recomendadas por la Organización Mundial de la Salud. También reflexioné sobre el modo en que elegimos a nuestros dirigentes. En nuestro país sufrimos veintiún años de dictadura, que fue apoyada por un partido político, y a quienes luchamos contra el régimen esto nos marcó de una manera determinante. ¡Cuántas veces dije que jamás escogería a un candidato de ese partido, aunque fuera mejor que su contrincante! Muchas. Ahora la vida me ponía un nuevo reto y era buscar a los mejores, sin importar el partido político, siempre y cuando tuviera la ética y la capacidad para resolver los ingentes problemas que atraviesa nuestro país.

Actualmente, solo se busca el crecimiento económico, que muchas veces se queda en las altas esferas. Están tan ocupados haciendo negocios que poco les importa que su negligencia enferme a ese mismo pueblo que los eligió. Promueven el desarrollo de las comunicaciones y la tecnología, encaminándose hacia un capitalismo salvaje, olvidando al pueblo, como si ambos fueran irreconciliables. Se debe encontrar un punto medio, atendiendo no solo el desarrollo del capital, sino la calidad de vida de los ciudadanos. El derecho a la salud es una de nuestras necesidades prioritarias.

La lección estaba aprendida y, a través de mi vida, siempre busco aprendizaje en el dolor. Los que tenemos esta facultad solo nos equivocamos una vez. Tenemos la responsabilidad de elegir a los mejores y hacerlo a conciencia, porque, aunque no lo creamos, nos jugamos la vida.

Muchos pacientes inmunodeprimidos por tratamientos como la quimioterapia, son susceptibles de presentar una infección bacteriana que les puede causar la muerte, y seguramente se dirá a los familiares que el fallecimiento se debió a la enfermedad primaria. ¿Qué podemos hacer ante una situación tan alarmante?

El gobierno tiene el deber de mantener la salud de la población, así como el control y la erradicación de las enfermedades. En algunas ocasiones, su incompetencia ocasiona grandes riesgos. No hay una vigilancia adecuada de la salud pública, y aunque se hacen algunos esfuerzos, estos no son suficientes. Tampoco existen políticas de planificación y gestión en materia de salud pública. Es imperativo que se restauren las medidas de prevención y conservación de la salud de la población.

El doctor Ibáñez me prescribió una dosis de 15 mg de corticoides, la cual no controlaría el avance de la vasculitis, pero mi aprensión se incrementó con el recuerdo de los efectos colaterales provocados por las altas dosis de ese medicamento. La paradoja era horrible. Algo así como si me lo quitas me muero, si me lo dejas me matas. Tal vez no era tan dramático, pero yo lo sentía de esa manera. Estaba convencida de que yo era la parte más prudente del equipo médico y aunque no era facultativa de la medicina, sí era quien pagaba las consecuencias de forma directa. Por esa razón, decidí aumentar la dosis paulatinamente, aun corriendo el riesgo de nuevas complicaciones. Sin embargo, no me atrevía a pasar de 25 mg. Todos los que han leído mi testimonio anterior, saben que estoy a la altura de cualquier desafío.

Los domingos me levanto como a las siete de la mañana, una hora después que los días de semana. En uno de esos días pasé la noche inquieta, pues el medicamento me producía insomnio, y me dormí cerca de las dos de la madrugada. Además, había pasado distraída con la visita de mi sobrina Rosa María. No obstante, al abrir los ojos sentí rigidez sobre ellos. También tuve la sensación de qué miles de alfileres se clavaban en mis piernas y, al mirarlas, observé que grandes placas rojas las cubrían casi en su totalidad. Lo mismo pasaba en mis axilas y antebrazos. No había duda: era una crisis de vasculitis mucho más fuerte que las anteriores. De inmediato, aumenté la dosis de corticoides y me dispuse a arreglarme para ir al laboratorio. Sabía por experiencias previas que necesitaba un hemograma con velocidad de sedimentación y un examen de anticuerpos antinucleares.

Cada vez que eso sucede me angustio, pues he experimentado en carne propia sus efectos colaterales: susceptibilidad a infecciones, retención de líquidos, osteoporosis, insomnio, alteración del humor, glaucoma, intolerancia a la glucosa, aumento de peso e, incluso, alucinaciones.

Al día siguiente, llamé al doctor Araúz, quien me ordenó una dosis única de 40 mg. Como la mejoría era muy lenta, tomé varias fotos de las lesiones y se las envié al doctor Ibáñez, con la explicación del incremento de la dosis del medicamento. Recibí su respuesta sugiriéndome que visitara a un dermatólogo, ya que no estaba seguro de que fuera vasculitis sino, más bien, un salpullido. Su respuesta me produjo un gran disgusto, no obstante, me tranquilicé antes de contestarle. ¿Cómo era posible que él pensara que el doctor Araúz prescribiría corticoides en una dosis tan alta para un salpullido? Por otra parte, y así se lo hice saber en mi respuesta, había signos inequívocos de vasculitis: como el fenómeno de Raynuad, edema y la desaparición de las lesiones al estirar la piel. No solo sentía picazón, sino una sensación de quemazón, como si en cada vaso sanguíneo tuviera un alfiler. No recibí respuesta de este correo.

Días después, mi enojo con el doctor Alejandro Ibáñez desapareció. Cuando pones en la balanza lo bueno y lo malo de una persona, hay que mirar hacia donde se inclina. Él pudo establecer el diagnóstico después de muchos años de frustración. Además, llevaba seis años estable y seguramente él pensaba en una remisión del mal. No solo los pacientes actuamos en negación, también lo hacen los médicos porque son tan humanos como nosotros. Estoy segura de que, si él se hubiera imaginado lo que me dolió su comentario, se lo hubiera reservado. Para mí era inadmisible que el médico pensara en un simple salpullido, luego de pasar noches sin dormir, sintiendo que el cuerpo se me quemaba, con una picazón insoportable y evitando tocarme para que el edema no aumentara.

Cuando se trata una enfermedad incurable, algunos médicos pierden la perspectiva y solo se preocupan por mantener al paciente vivo. No piensan en su calidad de vida y, si el síntoma no mata, prefieren ignorarlo. He pasado años con una lista de más de diez síntomas que menoscabaron mi calidad de vida, pero al presentarse esta última crisis, el doctor Araúz tomó el control de ella. Lo primero que hizo fue analizar los síntomas existentes e incrementar la dosis de corticoides. Con esta medida, y luego de pasar unas semanas, la mayoría de los síntomas desaparecieron; otros perdieron fuerza.

Como paciente que ha sufrido años de dolor, soportando los estragos de una enfermedad prolongada e incurable, me siento con derecho de aconsejar a los galenos que, si no pueden curar a sus pacientes, los cuiden y atiendan amorosamente. Eso ayudará mucho al desarrollo correcto y eficaz de su profesión.

CAPÍTULO 9

Durante mi encarnizada lucha contra la enfermedad, muchos médicos desertaron; no obstante, se quedaron los mejores, los más fuertes. Ese es el equipo de galenos que actualmente me atiende. Ellos no solo han sido mis médicos, sino mis amigos, amigos inseparables con los cuales contaré toda la vida.

Siento el peso de la soledad cuando estoy enferma, lo que es irónico porque ella me ha acompañado durante todos estos años. Suena paradójico, ¿verdad? Pero es que la soledad no es ausencia de compañía, sino miedo, confusión, abandono, oscuridad.

La enfermedad merma nuestras fuerzas, pero nos permite conocer quiénes son en realidad nuestros amigos. Es un hecho comprobado que cuando la adversidad entra por la puerta, los falsos amigos saltan por la ventana. Cuando nos agobia el dolor, la tristeza y la enfermedad, solo hay que mirar alrededor para encontrar a los únicos y verdaderos amigos, muchos o pocos, no importa, pero auténticos.

Durante el recorrido en busca de respuestas a mis aflicciones, tuve que enfrentar a tres demonios que me impedían tener éxito: la preocupación, la incertidumbre y la angustia. No obstante, mi voluntad por descubrir el diagnóstico fue más fuerte. Transformó la preocupación en ocupación, la incertidumbre en certidumbre y la angustia en paz. Aprendí a mantenerme centrada y serena cuando todo a mi alrededor era caos, porque desarrollé la habilidad para encontrar mi centro y meditar. Cuando me agobia uno de esos demonios, busco un lugar solitario y silencioso. Cierro los ojos, presto atención a mi respiración y poco a poco se desvanece la confusión que me rodea.

El día que recibí la confirmación del diagnóstico, llegué a la casa cerca de las siete de la noche. Después de cenar me asomé al balcón y contemplé la noche en busca de estrellas, pues estas nos llaman a la reflexión, pero no había ninguna. La noche era oscura, sin un mínimo reflejo de luz. Me pregunté si me sentía diferente ahora que conocía el origen de la enfermedad que por tantos años se mantuvo oculta. Creo que sí, aunque no tenga cura y sea un síndrome raro, era preferible eso, a no saber qué padecía.

Muchas veces me sentía como el eslabón perdido. Y peor aún, cuando algunos han llegado a tratarme como a una hipocondríaca sin otro oficio que amargarles la vida a los médicos. Me sentía triste, tantos médicos y tardaron más de sesenta años para determinar el diagnóstico. Pero, nunca es tarde.

Estimado lector: si usted padece una enfermedad sin diagnóstico, no permita que muera la esperanza, y cuando las sombras invadan su corazón, siga buscando, pues detrás de esa sombra está la esperanza y, sosteniéndola, se encuentra la fe. Esa fe es la antorcha que ha de guiarle más allá de los límites de la enfermedad y de la muerte.

Es posible que unos meses después de publicada esta historia, algún médico descubra que no es síndrome de Behcet, y surja otro término extraño. Si esto sucede, prefiero quedarme con el diagnóstico que en este contexto puede resultar hasta sabio: «N. P. I.», pues es de sabios confesar la ignorancia. Debo ser optimista y pensar que esta vez sí dieron en el clavo.

Posiblemente, ustedes, queridos lectores, piensen que esta historia no tendrá un final feliz porque tengo una enfermedad incurable y sin medicamentos terapéuticos, solo sintomáticos que intentan detener el mal. Sin embargo, para mí sí lo es, porque el solo hecho de saber el diagnóstico me da la certidumbre de saber a qué me estoy enfrentando.

Por eso, a partir de este momento, aceptaré que esta enfermedad es parte de mi vida, de mi evolución, de mi formación como ser humano más fuerte, pero también más humilde: empático. Por eso la bendigo. Ahora no se trata de resistencia, sino de aceptación: ofrenda. En este empedrado camino aprendí a comunicarme con Dios, porque la enfermedad me acercó a Él y me hizo abrazar su gran amor.

Conocer el diagnóstico me llenó de nuevas fuerzas, pues ya sabía los riesgos y las complicaciones que acarreaba. Ahora la batalla sería más balanceada, pues no me desafiaba un enemigo desconocido. Por primera vez sentí la necesidad de dignificar mi enfermedad, pues era parte de mi vida, parte de mi lucha. Se terminó el enfrentamiento, el combate. La despido en paz, le doy las gracias por el aprendizaje y por transmutar mis debilidades en fortaleza. Ahora ella me respeta como la mejor de sus contrincantes y yo la despido como al mejor de los maestros.

Paralela a mi tristeza, la lluvia arreciaba y minutos después ya era un diluvio acompañado de fuertes vientos. Mientras el agua chorreaba por mi balcón, yo seguía impávida, los pensamientos se alejaron de mi mente y esta quedó vacía. En silencio. No sé cuánto tiempo pasé en la misma posición, poco importaba.

Las nubes negras parecieron disiparse y una luz apenas perceptible se filtró. Dejó de llover. El resplandor me fue rodeando y el pensamiento volvió. ¿Qué es la vida?, me pregunté: ¿un camino?, ¿un viaje? ¿Hacia dónde? Hacia la felicidad. ¿Importa si estás sano o enfermo? No. Solo importa que vas, solo importa el recorrido.

Estaba segura de que esa luz profunda, pura y poderosa, era una señal de mi ángel Rafael y que las respuestas que recibía eran suyas. Él había sido testigo de mi sufrimiento, de mi combate, de mi victoria, y ahora venía a celebrar conmigo, iluminando mi oscuridad. Sentí su abrazo, su fuerza. Comprendí que aquel era el final del sufrimiento y el comienzo de una nueva vida.

El acceso a una vida centrada espiritualmente requiere de una reorientación de la conciencia hacia las realidades trascendentes y niveles superiores. Cuando hacemos esto, nuestra razón se convierte en realidad, nuestras emociones se tornan en amor y nuestra voluntad se vuelve valor. Si continuamos este proceso trascendente, nuestra verdad se convierte en sabiduría, nuestro amor se vuelve incondicional, nuestro valor se transforma en poder y en esos niveles de trascendencia está Dios.

POST SCRIPTUM

Un año después de la publicación, la novela: *Diagnóstico: N. P. I.* surgió información importante y esencial para culminar la historia. En primera instancia pensé en dejar el libro como estaba; sin embargo, tengo un compromiso con aquellos lectores que, igual que yo, han padecido una enfermedad prolongada sin recibir el diagnóstico acertado. La mayoría perdió la fe, abandonando con desencanto las consultas médicas y el tratamiento, que muchas veces, era paliativo.

Pese al dolor, el sufrimiento, la decepción y el cansancio, este es un testimonio de esperanza que les hace un llamado a seguir adelante. No abandonen, no claudiquen, pues al que lucha Dios lo bendice. En mi caso, nunca pasó por mi mente rendirme. Tengo una amiga muy querida, Jenny, quien ha dejado de acudir a los médicos, fastidiada de tantas imprecisiones, errores e indiferencia.

Antes de decidir la inclusión de este post scriptum, le aconsejé que buscara un buen especialista y retomara el cuidado de su salud. Espero que siga mi consejo, en este caso, las experiencias desafortunadas también son valiosas, pues nos enseñan a elegir mejor a nuestros médicos.

Algunas veces, los facultativos nos refieren a colegas que son sus amigos. Cuando me refieren a otro especialista, siempre les pregunto si hay amistad entre ellos. Por lo general me cuestionan de inmediato: «¿Por qué me hace esa pregunta? Les respondo: «Prefiero que me refiera donde el mejor, aunque no sea su amigo, incluso que sea su enemigo».

No a todos les gusta, pero los médicos comprensivos, me dan la razón. Recuerdo que en una ocasión el doctor Araúz me refirió donde un neurólogo con quien no se llevaba bien. El galeno se extrañó cuando le dije quién me había enviado a su consultorio. Con una sonrisa le respondí: «Mi médico no me refiere donde sus amigos, sino donde se encuentra el mejor».

La responsabilidad primaria de una persona es cuidar la salud: procurarse una vida sana, cuidar su cuerpo, ejercitándolo, meditar para tranquilizar la mente y, si se enferma, buscar un buen médico. A todos aquellos que han leído Y era lo que nadie creía y Diagnóstico: N. P. I., que en estos momentos atraviesan por una enfermedad, les dedico este testimonio con el amor y la solidaridad de quien ha sufrido por muchos años de una enfermedad prolongada y desconocida.

Ha sido un esfuerzo titánico, pues en algunos momentos hasta escribir dos páginas me agotaba. Sigan adelante, que ustedes también pueden. Espero que la conclusión de este lamentable peregrinaje les sirva de inspiración para emprender un nuevo camino lleno de confianza. Al final, ustedes también podrán dar un testimonio valiente, ya que a pesar de las decepciones y de la indiferencia negligente de algunos galenos, nunca abandonaron la lucha por recuperar la salud o al menos, mejorar su calidad de vida.

¡Qué difícil es retomar un tema que se consideraba cerrado! Con relación al diagnóstico de mi enfermedad, nada, absolutamente nada es determinante. Me mantuve por años navegando en las turbias aguas de la incertidumbre. Dudaba del diagnóstico más reciente: Behcet, y esperaba que surgiera alguna nueva conclusión. No estaba convencida de que ese fuera el definitivo, ni el acertado. Prefería el «diagnóstico: N. P. I.» que me permitía dejar la puerta abierta a la búsqueda.

No obstante, los diagnósticos que realmente me molestaban eran la fibromialgia y la fatiga crónica. He llegado a la conclusión de que, en la mayoría de los casos, son síntomas, no síndromes. Detrás de ellos se agazapa una terrible enfermedad que tal vez nunca se descubra porque al médico le dio pereza investigar más a fondo. En fin, son «diagnósticos perezosos». Cada vez que el doctor Ibáñez me decía: «¿Cómo sigues de la fibromialgia?», era como si me insultara. Sé que lo hacía para romper el hielo, para que me riera y me relajara. Muchos pacientes se sienten inquietos cuando van a la consulta con sus médicos. Ese no era mi caso. Ir al médico era tan rutinario en mi vida, como ir al supermercado, actividad que tampoco me gusta. Me aburren ambas.

Un nuevo síntoma vino a sumarse a la larga lista de mis padecimientos. Por más de diez días estuve sufriendo de dolores en las articulaciones y la rigidez matutina se acentuó. Consulté al doctor Ibáñez una vez más, porque asumía que eran producto de una artritis. Tenía las palmas de las manos hinchadas, como si fueran las de un gato. Además, dos dedos de la mano izquierda se habían engatillado y volteado. Por otra parte, me dolían las articulaciones de todos los dedos de la mano y de ambas muñecas. El doctor Ibáñez me examinó cuidadosamente y me refirió a la fisiatra, pero los dolores se acentuaban, invadiendo otras articulaciones.

Decidí consultar al doctor Abadía, mi inmunólogo,

quien con solo examinarme las manos me dijo: «Tienes artritis», y me recetó Flezacord. De inmediato recordé la controversia de años atrás cuando el doctor Ocaña, luego de una resonancia de las cervicales, informó que tenía una artritis en la segunda vértebra cervical. Más de diez radiólogos la vieron, afirmando que era artrosis. No obstante, yo estaba alerta y cuando, de manera intempestiva, se presentaron los dolores en veinte articulaciones, gestioné con prontitud una segunda opinión.

El doctor Araúz me refirió al doctor Néstor Remón, internista de toda su confianza, quien desde un inicio demostró interés por el caso médico, y estuvo de acuerdo con que fuera donde la fisiatra, la Dra. Kiara Ceballos, para que se ocupara del tratamiento de fisioterapia. También ordenó unas radiografías de las manos y las muñecas, afirmando: «Si piensas que tienes artritis, una radiografía lo demostrará».

Como era de esperarse, se confirmó la artritis. Cuando le entregué las radiografías a la Dra. Ceballos, ella ordenó otras más: de la cadera, hombros y rodillas. En todas apareció la artritis. El medicamento prescrito por el doctor Abadía ya había disminuido los dolores en más de un 80 % y la fisioterapia también me ayudó a recuperar la movilidad articular.

La Dra. Ceballos ordenó una terapia de parafina para las manos, calor y ejercicios para el resto de las articulaciones. Los primeros quince tratamientos se realizaron en la clínica de la doctora y el resto en mi casa. Decidí comprar el aparato de la parafina, puesto que la inflamación de las manos era crónica como la mayoría de mis síntomas. Ya me he aplicado trescientos ochenta sesiones de parafina. También adquirí un chaleco que se calienta en el microwave por dos minutos y se coloca en los hombros por veinte, para darle calor a esas articulaciones. Finalmente, compré unas poleas que se fijan en la parte superior de una puerta para movilizar los brazos y los hombros. Le prometí a mi fisiatra seguir con las terapias en casa hasta que desaparecieran todas las inflamaciones. Uno de los médicos me preguntó cuántas sesiones pensaba realizar y le contesté: «Mil si son necesarias». No respondió una sola palabra y sonrió.

Cuando volví donde el doctor Remón con el reporte de la Dra. Ceballos, me dijo que era imperativo regresar con mi reumatólogo. Pese a que estimo mucho al doctor Ibáñez, percibía que estaba cansado de mi caso, por lo que le solicité al doctor Remón que me recomendara un reumatólogo que se interesara en un caso disperso y complicado como el mío. Me refirió al doctor Antonio Caabeiro, quien no atendía en el Seguro Social, pues ocupa un cargo administrativo. Como el doctor Remón no sabía dónde atendía el reumatólogo sus consultas privadas, decidí buscar la información en Internet y le envié un correo explicándole de manera breve mi caso. No sé cómo lo pude hacer, una enfermedad prolongada y sin diagnóstico no se puede resumir en pocas palabras. Lo importante fue que el doctor Caabeiro me contestó y pude solicitar la cita.

Debido a que él solo atiende los miércoles y los sábados y tiene muchos pacientes, tuve que esperar varias semanas para que me atendiera, pero eso para mí no tenía importancia, puesto que he pasado toda la vida esperando un diagnóstico, y unos días más no hacían diferencia.

El doctor Caabeiro es un hombre joven y apuesto. Pensé: «¿Será una ventaja o una desventaja su juventud?» Entonces recordé que el primer reumatólogo que me atendió en el Seguro Social, después de varios, meses, le comentó a una colega que era demasiado viejo para un caso tan complicado y confuso como el mío. Ese recuerdo me hizo llegar a la conclusión de que la juventud del doctor Caabeiro era indiscutiblemente una ventaja. Lo comprobé rápidamente, porque después de leer los exámenes y la lista de los síntomas, levantó la mirada y dijo:

—Este caso es un verdadero reto para mí. No se preocupe, la atenderé con mucho gusto.

—Yo no me preocupo, me dedico a buscar un médico que me pueda ayudar. Muchas veces no lo logro y sigo buscando, algún día lo encontraré y podré descansar.

—Actitud correcta—respondió.

—Doctor, a duras penas puedo con mi enfermedad y con los síntomas que ocasiona. No necesito ese estrés adicional de percibirme pérdida como una bala al aire.

Padecer una enfermedad prolongada, con diversas manifestaciones, y sin un diagnóstico preciso, es desgastante. No solo te deteriora el síndrome, sino la incertidumbre y el desgano de los profesionales de la Medicina que consultas. Cada vez que te refieren a un nuevo especialista, es como reiniciar el sendero retorcido que has recorrido en los últimos sesenta años, sin una sombra que te dé refugio. Sin embargo, ahora no manifiesto este sentimiento y trato de reprimirlo, no sería un buen comienzo para la relación médico-paciente. En ocasiones, solo se me sale una frase: «¡Qué pereza!» No me refiero a mí, sino de la actitud que posiblemente encuentre en el nuevo galeno. Con el doctor Caabeiro fue diferente; él sabía de partida el reto que emprendía y lo asumía con valor y compromiso.

A pesar de que consulté al doctor Caabeiro en su clínica privada, él contactó al doctor Remón, quien me había atendido en el Seguro Social, para coordinar estrategias con el fin de descubrir, de una vez por todas, el oscuro diagnóstico. Solicitaron el expediente en Prestaciones Médicas del Seguro Social, que era el más completo, pues en esa institución me atendieron cuando sufrí las peores crisis. Ambos galenos estudiaron página por página el extenso expediente para desenmarañar la confusión reinante. El doctor Caabeiro ordenó una serie de nuevos exámenes y me dijo que para la próxima cita le llevara los resultados.

Dos meses después regresé a su consulta y le entregué los resultados. Después de analizarlas, le llamó la atención el resultado de la ANA: Moteado 3+. DiL 1:40 Muchos de los otros exámenes me salieron positivo límite y positivo débil. Anteriormente, este resultado era mucho más bajo, también salieron unas células parietales positivas en el músculo liso, entre otros resultados alterados.

El doctor Caabeiro me dijo que después de estudiar el expediente cuidadosamente había llegado a la conclusión de que padecía de lupus. Recordé que tanto el doctor Naar, mi dermatólogo, como el doctor Abadía, mi inmunólogo, habían sospechado que la mayoría de los síntomas se enmarcaban en este diagnóstico. Mi nuevo médico, con paciencia, me explicó que yo tenía clínicamente varios criterios del lupus:

1. Erupción, eritema multiforme, vasculitis en la piel.
2. Fenómeno de Raynaud

3. Úlceras en la boca
4. Artritis
5. Vasculitis en la piel y vasculitis pulmonar con hipertensión en la arteria pulmonar
6. Leucopenia
7. El electroencefalograma mostraba señales neurológicas: Hay gran cantidad de paroxismos semiagudos en ambos lóbulos temporales o con énfasis hacia uno u otro hemisferio cerebral. Algunos paroxismos son francamente agudos. La disfunción bitemporal detectada podría correlacionar con desorden convulsivo, aunque también la hemos observado en cefaleas vasculares.
8. Neuropatía periférica
9. Trombocitopenia.
10. Anticuerpos antinucleares ANA anormal.

Cuando el médico terminó su exposición sobre los criterios del síndrome, le pregunté si esta enfermedad no afectaba a pacientes más jóvenes. Respondió categóricamente con una pregunta:

—¿¡Desde cuándo está enferma!?

—Desde siempre —fue mi respuesta.

No tuve nada más que acotar. Otro diagnóstico más para investigar. Aunque ya tenía bastante información acerca de cuándo el doctor Naar y el doctor Abadía sugirieron que podía padecerla.

Una de las ventajas que tengo sobre los demás pacientes es que no me perturba nada. Siempre he pensado: «Si estoy viva, estoy bien». En una ocasión le pregunté a uno de mis médicos por qué razón tenía ojeras, las que me hacían ver como una mujer enferma y él, sonriendo, respondió: «Porque estás enferma y es muy buena observación, ya que en tu mente no lo estás».

No me preocupé ni un solo día por el diagnóstico de lupus. Si he vivido más de treinta años con esta enfermedad, ¿por qué he de preocuparme? Ahora, tengo una ventaja, sabemos lo que realmente tengo. Anteriormente, vivía ente la duda y la incertidumbre, a la deriva. Ahora llegaba a un puerto seguro y la barca de mi salud tenía un capitán competente y no como los anteriores, que la conducían con los salvavidas puestos, prestos a tirarse y a dejarme en mar abierto.

Otro de los resultados alterados fue la enzima CPK MB, que desde 1999 estaba incrementada en un 993, %: los valores normales están comprendidos entre 0 a 16 y yo tenía 159, pero durante todos estos años ningún médico le dio importancia. Colateral a este resultado, presentaba síntomas de debilidad muscular en las extremidades superiores e inferiores. Pero como tenía varias radiculopatías de las cervicales y sacro-lumbares, asumieron que esta era la causa de mi debilidad muscular. No obstante, el doctor Caabeiro llegó a la conclusión de que era una leve miositis. Me prescribió dos medicamentos, la coenzima Q10 y Glutatión. Cuando el galeno me notificó sus conclusiones en una de las citas de control, sentí deseos de gritar. Quince años de médico en médico desde que hice las primeras crisis de vasculitis y ninguno de ellos se había interesado precisar lo que realmente me sucedía.

Mi estado de salud se deterioró día con día y no fue más visible la decadencia porque me preocupaba por entrenar como si fuera para las olimpiadas. Era una carrera a muerte contra la enfermedad con el peso de la incompetencia de muchos galenos a cuestas. Tal vez fuera bienintencionada, pero incompetencia al fin. Cuatro semanas después del nuevo tratamiento, aprecié una ligera mejoría.

En una de las citas con el doctor Néstor Remón, a mi lado estaba una señora que tosía constantemente. No quise cambiarme de asiento para no parecer groscra. Cuando Ricardo, el asistente del doctor Remón llamó a los pacientes para pedirles los comprobantes de citas, estuve tentada a preguntarle si podía esperar en otro lugar, pero me abstuve. Él es uno de mis más entusiastas lectores. Siempre le llevo novelas. Sin embargo, compra otro título para que también le dedique cuando llego a las citas médicas. Para colmo de males, ese día tuve que esperar más de hora y media para que el médico me atendiera.

Como era de esperarse me contagié, al principio pensé que era una gripe común, pero después de diez días en cama, seguía igual o peor que el primer día. Entonces me di cuenta de que era influenza, por los múltiples síntomas: gastritis, cefaleas intensas, dolor en los senos paranasales, mareos, diarrea y dolores en todos los huesos.

Llamé al doctor Araúz que, a pesar de haberse retirado, todavía me atiende. Le comenté que tenía gripe y como siempre solo me recetó agua y descanso. Me comuniqué por correo electrónico con el doctor Caabeiro, me preguntó qué estaba tomando, le respondí que agua. De inmediato llegó su correo y decía textualmente: «Si el agua no la mejora, busque a un médico».

Me divirtió la forma irónica de contestarme. Aunque no lo crean, mi sistema inmunitario se parece mucho a mí, aunque débil y afectado, se defiende. Fueron cuatro semanas de reposo absoluto y mucha agua. Cuando regresé donde el doctor Remón confirmó la posibilidad del contagio, debido a que mis defensas están bajas por mi enfermedad inmunológica y por el tratamiento de corticoides.

El consultorio del doctor Caabeiro está en una clínica distante de mi casa. Como el país lo están reconstruyendo y hay múltiples cierres de calles y obstáculos por doquier, solo manejo distancias cortas. Cuando tengo que conducir por más de quince minutos, no resisto mantener los brazos sobre el timón del auto, pues me flaquean. Lo mismo sucede cuando subo más de un piso de escaleras, las piernas se me debilitan, las siento como si fueran de trapo. Mi hermana Esmeralda me llevó a dos de mis citas, sin embargo, para la cita de septiembre, fue mi amiga Esperanza.

Llegué a la sala de espera de la clínica y como era sábado en la tarde estaba desierta. Entré al consultorio del médico y me recibió Giovanna, su secretaria, una chica amable y afectuosa. En las citas anteriores le llevé novelas, a ella le encanta leer y comentar sus lecturas. La sala de espera del consultorio del doctor Caabeiro no es como las de otras clínicas que he visitado, el ambiente es relajado, silencioso y cómodo. La mayoría de las veces que un paciente espera, se siente tenso, preocupado y hasta temeroso de que puedan darle una mala noticia. Si el entorno contribuye a desestresarlo, el paciente se tranquiliza.

Cada vez que asisto a consulta con el doctor Caabeiro, le hago preguntas sobre los cabos sueltos en mi expediente, son muchos y en el transcurso de los años, aumentan. No obstante, en la siguiente consulta, él ya tiene resuelta esa incógnita. A pesar de estar tan ocupado y lo difícil que es conseguir una cita, él siempre se preocupa por resolver las inquietudes del paciente. Para este galeno todos los síntomas son importantes si ocasionan deterioro en la calidad de vida de su paciente. No le doy tregua y cuando resuelve una, ya le tengo otra. Solo sonríe y me dice: «Investigaré sobre este otro asunto». En otras ocasiones, desde que le pregunto, me responde, pero mi caso es muy complicado, tiene muchas aristas y esto es de nunca acabar. Cuando un paciente tiene muchas molestias y el médico resuelve una, no se conforma, quiere que las resuelva todas. Es comprensible, todos queremos sentirnos bien, en especial los que estamos enfermos. Espero que su paciencia sea mucho mayor que mis interrogantes.

En una de las citas le comenté al doctor Caabeiro que había variado mi dieta, suspendí la carne roja y los lácteos. Acababa de leer un libro muy interesante: la enzima prodigiosa de Hiromi Shinya, cirujano japonés que trabaja tanto en su país como en los Estados Unidos. Casi me sabía de memoria la reseña del libro y se la comenté al médico: «La dieta del futuro, que evitará enfermedades cardiacas, curará el cáncer, detendrá la diabetes tipo 2, combatirá la obesidad y prevendrá padecimiento crónico degenerativo. De acuerdo con el doctor Hiromi Shinya «tu cuerpo está diseñado para curarse a sí mismo»; la dieta que él propone ha curado a miles de pacientes sin recaídas. Cualquier persona, con independencia de su predisposición genética, puede ayudar a que su cuerpo evite enfermedades cardiacas, obesidad, fibromas, estreñimiento, síndrome de colon irritable, enfermedad de Crohn, apnea del sueño y enfermedades autoinmunes. La clave está en el factor enzimático».

El doctor Shinya en su libro nos afirma: «Las enzimas son proteínas complejas que permiten el desarrollo de todas las funciones celulares. La enzima prodigiosa revolucionará tu forma de ver el cuerpo humano, la medicina y la salud». Explica por qué alimentos considerados saludables como los lácteos son la causa de enfermedades crónicas. Detalla los procesos de destrucción enzimática generados por el alcohol, el tabaco y las grasas trans. Nos convence de que al cambiar pequeños hábitos hoy, tendremos buena salud siempre. El doctor Hiromi Shinya nos enseña cómo conservar el abastecimiento de las enzimas prodigiosas y revertir procesos degenerativos para fortalecer tus enzimas corporales y gozar de buena salud hasta una edad avanzada.

El doctor Caabeiro me escuchó en silencio y cuando vio mis resultados de colesterol y triglicéridos, se interesó. Entonces agregué:

—Nunca un médico me ha preguntado cuál es mi dieta. Deberían interesarse más porque somos lo que comemos.

Le comenté que yo tenía el hígado graso y que la pared de la vesícula era más gruesa de lo normal.

—Tal vez una dieta baja en grasa y sin comer carne roja, podía mejorar mi función hepática.

También le dije que tenía bocio multinodular y que hacía años que no me chequeaba. Él ordenó ultrasonidos del hígado, riñones y tiroides. Percibí que le extrañaba que con anterioridad no me hubieran mandado el ultrasonido de riñón. Aunque no comentó nada, yo pensé: «Otro descuido más, espero que los resultados sean negativos».

Cada vez que asisto a su consulta, le rindo un informe al doctor Caabeiro sobre las molestias de los últimos meses, como la influenza y un herpes a nivel del muslo. Me preguntó si había consultado a un médico. Le contesté que no lo había hecho, pues era un herpes simple y no había ningún órgano importante comprometido. Agregué que hacía muchos años que no padecía de esa enfermedad. La última vez fue hacc más de veinte años y sí había recibido tratamiento médico, pues la lesión era cerca del ojo.

Muy preocupado dijo que debía tener mucho cuidado si la lesión me repetía en ese mismo sitio. Le respondí que no me arriesgaría a que afectara el nervio óptico. Cuando fui a mostrarle la foto de la lesión del herpes, el teléfono se quedó sin batería. Posteriormente, se la envié por correo electrónico. Colateral al expediente que de cada médico yo llevo en casa. De esa forma los tengo a mano cuando visito a un nuevo médico, o cambio al que no me hace caso, para que el nuevo especialista tenga una visión integral de mi enfermedad.

Al salir de la consulta, la lluvia inundaba las calles, oscurecía y me alarmé, busqué mi teléfono celular para llamar a mi amiga Esperanza o a mi sobrina Rosa María, pero recordé que estaba sin batería. Esperé un taxi, minuto a minuto me fui inquietando más y más. Estaba dispuesta a pagar el doble o el triple de lo que costaba una carrera. De pronto vi acercarse a dos tipos de apariencia sospechosa, no sé si eran delincuentes, pero lo parecían. Me preguntaron si esperaba taxi. Les dije que no, que ya me venían a buscar y señalé el carro que, en ese momento, entraba a los estacionamientos externos de la clínica. Los tipos se fueron. Pasaron más de veinte minutos, pero no llegaba un solo taxi. Entonces vi a dos jóvenes que caminaban rumbo a la farmacia y les pregunté si se podía conseguir un taxi a esa hora. Uno de ellos se acercó, su semblante me dio confianza, un buen chico, pensé. De inmediato aconsejó que caminara hacia la farmacia porque ese lugar estaba muy oscuro y era peligroso. Le comenté que mi celular no funcionaba y me ofreció el suyo. Le pedí que marcara el número de mi sobrina, estaba tan nerviosa que me temblaban las manos.

Rosa María se demoró en contestar. Mi angustia crecía y el desasosiego me oprimía el pecho. Al fin respondió y le dije que estaba en la clínica, cerca de su casa. Me preguntó de qué lado y le respondí que de noche pierdo la orientación, pero que estaba en la puerta de la farmacia. Ella comprendió que estaba aterrada y me dijo: «Tranquila tía, enseguida voy para allá». Le entregué el celular al chico y al darle las gracias, le dije:

—Le pedí a Dios que me enviara a un ángel y me lo envió a usted. ¿Cuál es su nombre?

—José García. A la orden, señora.

Palpar el interés del joven en ayudarme me llenó de esperanzas. No todo está perdido, todavía hay personas desinteresadas que se detienen en el camino para ayudar a los demás. Si cuando nos sentimos vulnerables encontráramos solidaridad en vez de indiferencia, construiríamos una cultura de amor. Dos minutos de un joven y su actitud compasiva justifican con mayor fuerza mi fe en la humanidad. Enfrentar un percance de noche, bajo la lluvia, con el teléfono descargado, en un área donde suelen ocurrir atracos, provoca temor, desasosiego, pero José García llegó y, sin conocerme, me brindó ayuda.

¡Qué grato es encontrarse con héroes anónimos que, igual que José, suspenden sus propias actividades para tender la mano a otros! Con mi literatura he procurado ayudar a los jóvenes de distinta manera; José García retribuyó ese interés con su gesto, y me dice que estamos a tiempo de hacer que en nuestra sociedad lleguen a brillar con esplendor la justicia, la solidaridad y la generosidad por sobre cualquier otro factor nocivo o poco edificante.

Media hora después llegó Rosa María, en su edificio los elevadores estaban dañados y tuvo que bajar veintiséis pisos.

Semanas después, cuando llegué a la clínica a hacerme los ultrasonidos, me encontré con el doctor Ocaña, quien en años anteriores me puso alerta con relación a la artritis. Para mi sorpresa mi hígado estaba normal, la tiroides tenía varios nódulos como en los exámenes anteriores. Llegué a la conclusión de que los ocho meses de dieta habían normalizado mi hígado y la vesícula.

Cada vez que me hacen nuevos análisis revelan alguna patología nueva o vieja, que no se detectó a tiempo, debido a que no se realizó el examen pertinente. Nunca, durante los quince años en los que mi salud se vio afectada, me ordenaron un ultrasonido de riñón. Cuando vi el resultado llamó mi atención la observación del doctor Ocaña: «Pequeños focos hiperecogénicos a nivel del seno renal izquierdo. Nos impresiona relacionados con calcificaciones ateromatosas». Se lo copié textualmente y les envié un correo electrónico a los doctores Araúz y Caabeiro. El doctor Caabeiro llegó a la conclusión de que me había dado una vasculitis de pequeño vaso que se asocia frecuentemente a enfermedad renal. De inmediato recordé que cuando tuve un problema vascular pulmonar con secuela de una hipertensión pulmonar, quien se dio cuenta fue el hematólogo, porque cuando fui a su consulta respiraba con dificultad. Inaudito, después de tantos trastornos y complicaciones, no se les ocurrió examinar los riñones. Por suerte, el doctor Caabeiro hizo un trabajo excelente y con verdadera responsabilidad.

Dos semanas antes de que me detectaran la hipertensión pulmonar, sentía como si estuviera respirando dentro de un edificio en llamas. Llamé al doctor Araúz para decirle que estaba en el infierno. Cuando le expliqué mi dificultad para respirar, se quedó pensativo y opinó que tal vez la vasculitis no solo estuviera en la piel, sino también en los pequeños vasos. En ese momento no entendí a qué se refería, pero ahora comprendo que hablaba de daños en los pulmones y en los riñones.

A partir de ese momento, iniciaron mis molestias urinarias y respiratorias. De inmediato, el médico me aumentó la dosis de corticoide de 20 mg a 60 mg. Considero que eso me salvó la vida. También contribuyó la prescripción de Methotexate por dieciocho meses del doctor Ibáñez.

Una vez que el doctor Caabeiro me confirmó la vasculitis renal, inicié mi propia investigación. Desde hace quince años mi lista de síntomas encabeza la dificultad para orinar: tardanza en la primera emisión, interrupción con espasmos hasta diez veces. Nunca me habían explicado a qué se debía ese síntoma, no obstante, los urianálisis salían normales y no se hizo una investigación más profunda, pese a visitar varios consultorios. Hay síntomas que perduran, pero, como no matan, los médicos los desestiman. Es lamentable porque estos deterioran la calidad de vida del paciente. Aunque no se logren eliminar, tal vez se puedan minimizar sus efectos y contribuir a su bienestar.

Cada vez que recibo un nuevo diagnóstico,

investigo. Encontré una estrecha relación entre la vasculitis pulmonar y la renal. ¿Por qué razón en todo ese tiempo no investigaron la posibilidad de una vasculitis renal? Eran testigos de la vasculitis en la piel, con varios eritemas multiformes. También un proceso inflamatorio vaso muscular que determina una miopatía con dolor en masas musculares y déficit de fuerzas, la que se caracteriza por elevar las enzimas CPK. La afectación de las articulaciones también fue obviada. Las radiografías actuales demuestran procesos artríticos antiguos y lesiones nuevas. El electroencefalograma reflejó manifestaciones neurológicas, síncopes, también se presentó una neuropatía periférica que producía parestesia, hormigueo y sensación de corriente en la pierna izquierda. Con todos estos antecedentes, nunca se consideró la posibilidad de un compromiso renal. A pesar de que padecía un síndrome urinario desde hacía casi quince años.

Incluso, pienso que la hemorragia de vítreo pudo ser causada por la vasculitis, aunque el oftalmólogo afirmó que se había rasgado la retina, ahora no estoy muy segura de esa versión. Definitivamente, mi caso no fue manejado con seriedad. Fueron indiferentes en un grado tan superlativo que bordearon la negligencia.

Con relación a los reumatólogos anteriores tengo sentimientos encontrados. No sé cómo he soportado tantas decepciones. Si hubiera percibido un real compromiso o que el raro síndrome los hubiera sobrepasado, los disculparía. Pero no se ocuparon ni se preocuparon. Estaban perdidos en la selva y se comportaban como quienes pasean en Disney. Lamentable, pero cierto. Lo único que me mantiene firme en la lucha es saber que todavía existen médicos comprometidos con su profesión. Ellos no intentan salir de un paciente que los fastidia, sino que se esfuerzan por cumplir con la misión de sanar al paciente y en casos extremos, se dedican a aliviar el dolor y mejorar su calidad de vida. El galeno que no tiene ese compromiso debe dedicarse a otra profesión.

Tal vez resulte muy dura mi conclusión, pero lo hago desde el abismo del dolor, del que he ascendido con muy pocas fuerzas físicas. Cayendo y levantándome, sin tregua, con la determinación de seguir adelante con los médicos comprometidos, con los guerreros de la salud. Ese ejército de hombres y mujeres honorables que hacen de su profesión un verdadero apostolado.

Se preguntarán si tengo derecho a escribir de forma tan dura sobre aquellos médicos que fueron indiferentes a mi dolor, a mi angustia. Sí, lo tengo, desde la infancia me he visto limitada, pues con un mínimo esfuerzo me fatigaba y me sentía desfallecer. Esa sensación me ha seguido desde ese entonces hasta la fecha, como una maldición, pero no ha sido un impedimento para realizar mis tareas porque, paralela a la debilidad física, desarrollé una fortaleza espiritual que me compensa, me glorifica. Dios me bendice por mi determinación de luchar hasta el último aliento.

¿Puedo asegurar que no se interesaron en investigar mi cuadro clínico? Por supuesto que sí. El doctor Caabeiro lo hizo en unos cuantos meses, ¿por qué los otros no pudieron hacerlo en tantos años? Tampoco entiendo por qué razón no me refirieron antes donde el doctor Caabeiro. Él tiene años de estar ejerciendo la especialidad reumatológica.

Uno de mis médicos anteriores se atrevió a decir a uno de sus pacientes que no leyera mi novela: «Y era lo que nadie creía», testimonio de indiferencia médica, porque yo era muy dramática. Sonreí cuando me enteré: soy mucho menos dramática que su cinismo. No siento disgusto contra los médicos negligentes, lo que siento es terror y espanto. Es absurdo que al consultar a un médico no le tengamos confianza. He comprobado que algunos, cuando no están dispuestos a asumir el reto de un caso complicado, que les tomará más tiempo de lo previsto, reaccionan con soberbia y se excusan argumentando que el paciente es histérico o demente.

Hagan un examen de conciencia. Despierten. Todavía están a tiempo de recuperar la confianza perdida de aquellos pacientes que no solo sufren una enfermedad prolongada y sin diagnóstico, sino la indiferencia inhumana de quienes están llamados a curarlos o a cuidarlos, porque no todas las enfermedades tienen cura. Recuerden que ustedes eligieron ser médicos, nosotros no escogimos estar enfermos. Aunque nuestra enfermedad no tenga cura, una actitud compasiva por parte de los médicos nos reconforta y nos da nuevas fuerzas para seguir adelante.

Pese a toda mi desesperanza, el doctor Antonio Caabeiro logró que me reconciliara con el gremio médico, lo mismo que el doctor Remón y el doctor Araúz, y todos aquellos galenos que me han atendido de buena fe durante los últimos quince años. El doctor Araúz sigue siendo parte del equipo consultivo. Hace como cinco años, cuando me comunicó que se retiraba de la práctica médica, le afirmé que no podría desligarse de mi caso y que estaríamos unidos hasta que la muerte nos separe. Sonrió y me dijo: «Siempre podrás contar conmigo».

Cuando llegué a su consultorio hace más de treinta

años, complicada y sin diagnóstico, vio tanto desinterés por parte de sus colegas que decidió adoptarme. Desde ese momento pasé a ser parte de su familia y él de la mía. Su esposa Blanca ha sido una buena amiga, una hermana.

Nunca abandonaré el afán por lograr una calidad de vida aceptable, a pesar de esta terrible enfermedad. Sé que puedo lograrlo. Hay muchas cosas que puedo hacer para lograr este propósito: una dieta sana, ejercicios físicos, meditación y evitar el estrés. No obstante, los médicos deben estar alerta, observando muy de cerca la evolución de mi enfermedad y salirle al paso a cualquier complicación.

Siempre procuro verme lo mejor posible, sobre todo cuando atravieso una crisis. Es que recuerdo las palabras de mi madre: «Verse bien es tan importante como sentirse bien». Cuando uno se contempla ante el espejo y este le devuelve una buena imagen, es como si nos dijera que no podemos estar tan mal, viéndonos así de bien. En ocasiones, una se excede, pensando que uno está mucho mejor, entonces trastabillas o caes y te das cuenta de que debes cuidarte por el resto de tu vida.

Cuando el doctor Caabeiro me dijo que padecía de lupus, mi primera reacción fue de sorpresa; no obstante, lo medité por unos minutos. A pesar de que he vacilado cada vez que me han dado un diagnóstico, era la primera vez que sentía que este era el acertado. El historial clínico lo corrobora y la vasculitis renal que acaban de descubrir es otra de sus complicaciones.

Por otra parte, al revaluar el caso, el doctor Caabeiro fue analizando los órganos que frecuentemente ataca el Lupus. Llegó a la conclusión que mis molestias urinarias, eran debido a una inflamación de la vejiga que afecta a los pacientes con esta enfermedad. Después de los riñones siguió la tiroides. Desde hacía muchos años, el doctor Araúz había diagnosticado una tiroiditis estacional. En el ultrasonido se definieron tres lesiones y se llegó a la conclusión de bocio modular, el cual tenía desde 1970. Después de este informe, el médico ordenó un análisis de los anticuerpos tiroideos. Salió positivo el Anti-Tiroglobulina. Con este resultado se hizo un diagnóstico específico: Tiroiditis crónica inmunológica o enfermedad de Hashimoto.

Solo le quedaba pendiente al reumatólogo hacer la reevaluación neurológica. Le había comentado al doctor Caabeiro que en ocasiones me desconectaba por breves segundos, en ese intervalo de tiempo estaba ausente. En las noches antes de dormirme sentía como si cayera de golpe en un profundo abismo. Me ordenó un electroencefalograma con supresión del sueño por 24 horas. Los resultados fueron similares a los de quince años atrás: EEG anormal debido a la presencia de paroxismos generalizados aislados, potencialidad epileptogénica. Los anticuerpos también habían atacado a las neuronas, dejando esta secuela.

Todos estos resultados confirmaron el diagnóstico de Lupus. Esta vez acepté el diagnóstico sin dudarlo. No se equivoquen, queridos lectores, aceptar la realidad no es resignación, es una forma de afrontarla. Ahora veía de cerca a la fiera que siempre estuvo en acecho, agazapada en la selva de los riesgos. Ya puedo mirarla a la cara y decirle: No tienes idea del contrincante que enfrentas. ¡No me vencerás! ¡Retírate que no te tengo miedo! No tienes otro camino que el de la remisión. ¡Adiós

OBRAS PUBLICADAS

Caminos y encuentros
Y era lo que nadie creía
Travesías mágicas
La noche oscura
La cárcel de temor
Roberto por el buen camino
La raíz de la hoguera
Los ángeles del olvido
No hay Trato
Mujeres en fuga
Agenda para el desastre
Niña bella
El retorno de los bárbaros
El crepitar de la Hoguera
Diagnóstico: N. P. I.
Los misterios del olvido
El arcoíris sobre el pantano
El poder desenmascara
Un grito desde el silencio/ el oscuro abismo del bullying
El murmullo de la sombra
Vida de compromiso
La noche no dura para siempre
Se presume culpable
Veinte años Después
La burbuja invisible
Solo en la noche se observan las estrellas
¿Qué vamos a hacer después de lo que nos hicieron?
En el umbral del olvido

www.ingramcontent.com/pod-product-compliance
Ingram Content Group UK Ltd.
Pitfield, Milton Keynes, MK11 3LW, UK
UKHW040031200726
13854UKWH00001B/461